AUSTRALIA

in, but night + four such
+ everything in Jutland
1993.

Tauchabenteuer
Faszination Weißer Hai

For Francis + Freddie + Charlie,
with Best wishes + fond regards
+ Springtime in Scotland
1993.

RENATE UND KLAUS REITH

Tauchabenteuer AUSTRALIEN
Faszination Weißer Hai

PIETSCH VERLAG STUTTGART

Schutzumschlaggestaltung: Johann Walentek

Redaktionelle Bearbeitung: Armin Maywald

Alle Fotos: Renate und Klaus Reith

Grafiken sowie Karte vorderer und hinterer Vorsatz: Günther Ahner

ISBN 3-613-50150-3

1. Auflage 1991
Copyright © by Pietsch Verlag, Postfach 103743, 7000 Stuttgart 10.
Ein Unternehmen der Paul Pietsch-Verlage GmbH & Co.
Sämtliche Rechte der Speicherung, Vervielfältigung
und Verbreitung sind vorbehalten.
Satz: Vaihinger Satz + Druck, 7143 Vaihingen/Enz.
Druck: Gulde Druck GmbH, 7400 Tübingen.
Bindung: E. Riethmüller, 7000 Stuttgart 1.
Printed in Germany

INHALT

Vorwort 8

Teil 1
Einführung 11

Carcharodon carcharias – Der große Weiße Hai 13
Was wissen wir über den Weißen Hai? 15
Was gibt es Neues über den Weißen Hai? 24
Gefahr: Wirklichkeit oder Einbildung? 25

Teil 2
Dem großen Weißen Hai auf der Spur! 30
**Unsere zehntägige Expedition
vor der Küste Südaustraliens**

1. Tag Treffen mit Rodney Fox in Port Lincoln 30
2. Tag Die »Nenad«, unser Expeditionsschiff 34
3. Tag Im Haikäfig 44
4. Tag Begegnung mit dem großen Weißen Hai 64
5. Tag Tauchen am Dangerous Reef 82
6. Tag Dem großen Weißen Hai ins Auge geschaut 84
7. Tag Sieben große Weiße Haie am Boot 90
8. Tag Freundschaft zwischen Mensch und Hai? 102
9. Tag Tauchen unter Seelöwen 109
10. Tag Abschied von der »Nenad« 114

Teil 3
Tauchen in Australien 127

Das große Barrier Reef 127
Mit einem Katamaran in die Coral Sea 140
Tauchen an der Ostküste Australiens –
New South Wales 146
Tauchen in Süd-Australien – Kangaroo Island
Rauhe Küste und einsame Tauchgründe 151
Tauchen in West-Australien – Perth und
Umgebung 156
Die Korallenriffe von den Abrolhols bis zu den Rowley
Shoals, ein noch nahezu unberührtes
Tauchparadies 161
Tauchen in Tasmanien – Der Garten Eden am Ende
der Welt? 175

Teil 4
Tauchtips in aller Kürze 180

Tauchtips für Australien 180
Wichtige Adressen 184
Wer organisiert Tauchtouren? 186
Checkliste für Sporttaucher 189
Buchtips 191

Für unsere Tochter Alexandra Victoria, die trotz ihrer 5 Jahre die für sie strapaziöse Weiße-Hai-Expedition bravorös überstand. Sie war die bislang jüngste Teilnehmerin einer derartigen Expedition.

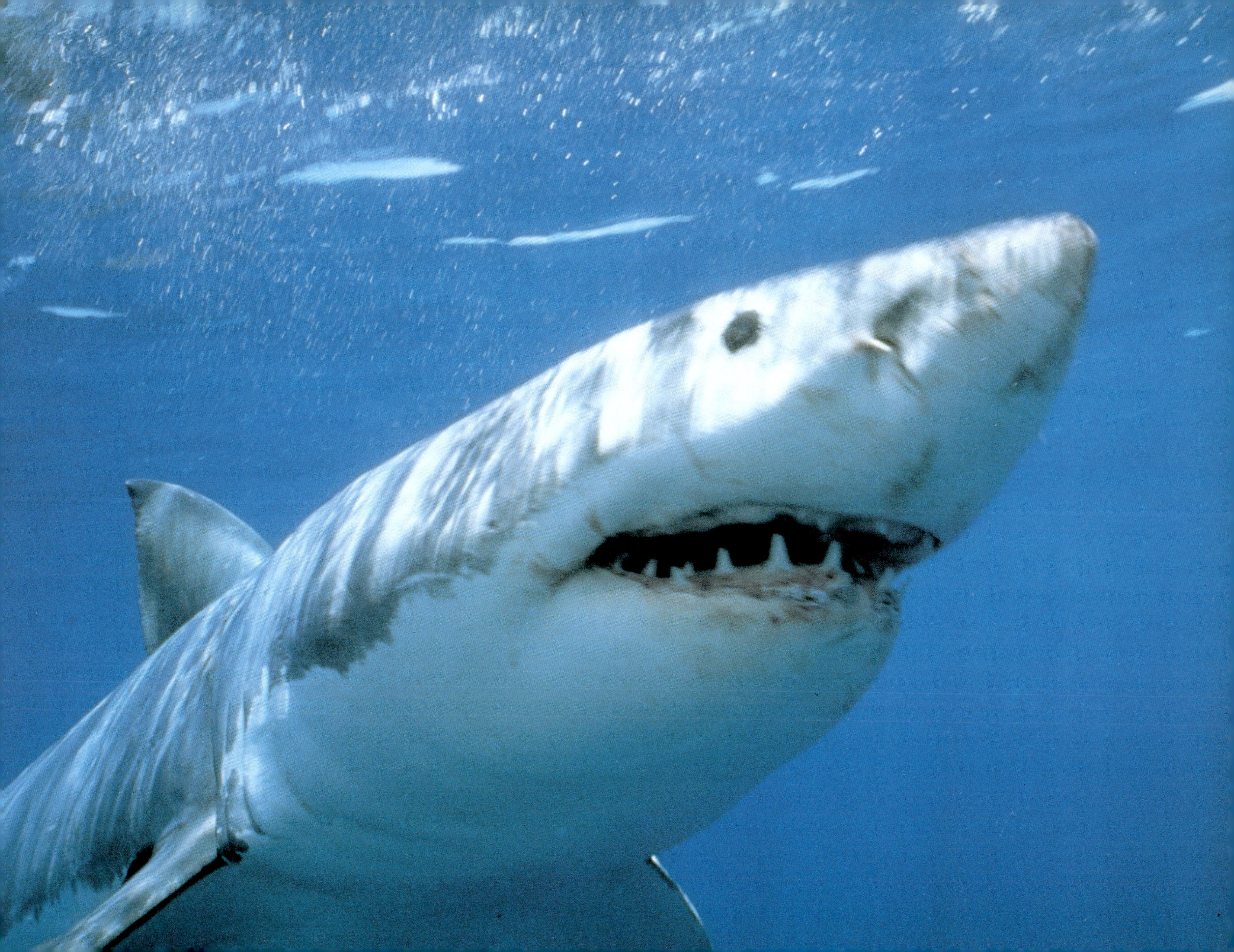

VORWORT

Der »große Weiße Hai« wird als einer der weltgrößten und gefürchtetsten Räuber angesehen. Im 19. Jahrhundert wurde er als Killer mit einem furchtbaren Sammelsurium an Zähnen in seinem Schlund bezeichnet.

Er wird wohl von Menschen immer mehr gehaßt und gefürchtet als toleriert werden.

Vom 19. Jahrhundert schwamm der »Weiße Hai« in das 20. Jahrhundert. Wird er auch im 21. Jahrhundert noch schwimmen? Ich glaube es nicht, zumindest nicht ohne fremde Hilfe. So wie einst die großen Dinosaurier wird auch der »Weiße Hai« dem Untergang nahe und zum Aussterben verdammt sein. Obwohl jedes Jahr nur wenige Exemplare in den Weltmeeren mit Netzen gefangen oder von Sportfischern geködert werden, dürfte ihre Anzahl recht schnell erschöpft sein, wenn wir nicht vorsichtig genug sind, ihren Fortbestand zu sichern.

Ich glaube, wir müssen lernen mit allen Geschöpfen in der Natur zu leben, nicht nur mit den freundlichen und wohlgesonnenen.

99% aller weltweit durchgeführten »Weißen-Hai-Expeditionen« wurden unter meiner Leitung von Port Lincoln – Südaustralien – aus gestartet. Bei einer in diesem Jahr (1991) durchgeführten Expedition konnte ich auch zum ersten Mal ein deutsches Fototeam an Bord der »NENAD« begrüßen, Renate & Klaus Reith.

Während dieser Expedition hatten wir seltenes Glück: Wir konnten eine größere Anzahl von »großen Weißen Haien« bei Dangerous Reef aufspüren und sie mehrere Tage durch Anködern am Boot halten.

Bevor Renate und Klaus zum ersten Mal in den Haikäfig stiegen, waren sie eher skeptisch und vorsichtig. Sie überprüften bedachtsam ihre technischen Geräte und Fotoausrüstungen, bevor sie unter leichter Nervosität in den Käfig stiegen.

1½ Stunden später tauchten sie voller Freude und Erregung aus dem Haikäfig auf. Als wenn eine Champagner-Flasche geöffnet worden wäre, sprudelten ihre Worte über das

Erlebte und Erfahrene heraus. Wir erfreuten uns vieler Tauchgänge zu diesen majestätischen Geschöpfen und konnten sie herrlich fotografieren und studieren. Viele Male glitten die »großen Weißen Haie« an unserem Käfig vorbei. Sie flogen mit einer solchen Anmut und Grazie um unsere Käfige herum wie ein manövrierender Jumbo-Jet, der seine Flügel zum Wenden einsetzt. Er gleitet genau auf unseren Käfig zu, sein ungeheures Maul enthüllt seine blanken, weißen, dreieckigen, sägeartigen Zähne. Er beißt nur wenige Zentimeter neben unseren Gesichtern, den Kameras sowie unseren Händen in den Stahlkäfig. Niemals werde ich Renates Gesichtsausdruck vergessen können, als ein weibliches Exemplar des »großen Weißen« mit weitgeöffnetem Maul langsam auf unseren Käfig zuschwamm und direkt neben ihr in die Stahlstange biß. Sie schaute mich an, ihre Augen vergrößerten sich zusehend und anhand ihrer Ausatemblasen konnte ich erkennen, daß sie nach Luft schnappte. Ich bemerkte einen Gesichtsausdruck, der mir mitteile, daß sie soeben »das absolute Erlebnis« erfahren hatte.

Ein Abenteuer? Ganz sicher! Wunderbar? Ja! Gefährlich? Nun ja, ein wenig!

Klaus sagte: »Es ist ein gerade noch zu kalkulierendes Risiko!«

Rodney Fox
Port Lincoln
Süd-Australien

DANKSAGUNG

Ohne die Gestaltungskraft und tatkräftige Hilfe von Menschen, die uns sehr nahe stehen, wäre dieses Buch sicherlich nicht in der Art entstanden, wie wir uns das vorgestellt haben. Unser Dank gilt zunächst einmal Renate u. Günther Ahner, die sich sehr viel Mühe gaben, das Buch zu gestalten und wunderschön zu illustrieren. Armin Maywald möchten wir besonders danken, weil er sich spontan bereit erklärte, unser Manuskript in eine »lesbare Form« zu bringen. Besonderer Dank gebührt auch Tom Jaeger, der uns das Kapitel »Tauchen in West-Australien« schrieb. Darüber hinaus möchten wir uns bei den verschiedenen Herstellerfirmen bedanken, die uns mit Rat und Tat zur Seite standen und uns das eine oder andere technische Problem zu lösen halfen. Sie sind in einem Verzeichnis am Ende des Buches aufgeführt.

TEIL 1

Einführung

Wir trafen einen Freund, der uns versicherte, Gott gesehen zu haben. Wir erzählten ihm, daß wir dem Großen Weißen Hai ins Auge geschaut hätten. Wir glauben jedem von uns wurde ein vergleichbares Erlebnis zuteil.

Generationen von Menschen hat der Weiße Hai schon in seinen Bann gezogen. Weit mehr als 300 Millionen Jahre zurück reichen seine stammesgeschichtlichen Wurzeln, seine Entwicklungsgeschichte ist somit älter als unsere.

Kaum mehr als 250 Menschen haben Weiße Haie im freien Gewässer bisher gesehen, dazu zählen vor allem Filmteams und Sporttaucher. Und es hält sich um den Weißen Hai ein einzigartiger Mythos des Unbekannten, über viele Generationen hinweg bis in unsere heutige Zeit.

Wie kommt es eigentlich zu dieser panischen Furcht der Menschen, wenn doch so wenige jemals dem Weißen Hai begegnet sind? Von Tieren lebendig gefressen zu werden, gehört sicher zu den Urängsten der Menschen. Diese Furcht beherrscht auch heute noch unsere Einstellung bestimmten Tieren gegenüber. Vor vielen Beutegreifern, die dem Menschen gefährlich werden können, kann man sich leicht schützen. Doch gegen den Weißen Hai in offenen Gewässern hat der Mensch fast keine Chance: Wir sind ihm hoffnungslos ausgeliefert. Alle Haiabschreckungsmittel versagen bei einem Tier, daß mit der

Zielstrebigkeit eines D-Zuges seiner Beute nachstellt. Wir können Ihnen versichern, wenn Sie in einem Haikäfig stehen und ein sechs Meter langer Hai nähert sich, meinen Sie, Ihr Herz bliebe stehen. Haie haben die Menschen seit jeher fasziniert. Haishows, die auf Jahrmärkten gezeigt werden, zeugen davon. Das ist Tierquälerei! Die Haie werden nicht alt, doch das steht auf einem anderen Blatt. Anfang der 80er Jahre wurde ein Weißer Hai im Steinhart-Aquarium in San Francisco ausgestellt. In vier Tagen stieg die Besucherzahl des Aquariums auf über 40.000 Personen an, bis der Hai plötzlich starb. Was wissen wir über den Weißen Hai? Eigentlich kaum etwas. Von Fischern und Walfängern ist überliefert, wie groß Weiße Haie werden können. Zumeist sind die Angaben übertrieben. Horrorgeschichten über den Weißen Hai wurden von Fischern berichtet, wenn sich ein Weißer Hai mal im Netz verfangen hatte oder über einen erlegten Wal hermachte. Wir lassen zu, daß Tiere abgeschlachtet werden, von denen wir nicht einmal wissen, welchen Stellenwert sie in der Natur einnehmen. Nicht nur Wale und Meeres-Schildkröten zählen dazu, sondern auch der Weiße Hai. Seine Rolle im ökologischen System ist gänzlich unbekannt. Bis heute wissen wir nicht, wie alt Weiße Haie werden, wie und wo sie sich vermehren, ob sie Reviere beanspruchen und womöglich verteidigen. Der Weiße Hai ist ein Beutegreifer und verhält sich entsprechend. Er jagt, wenn er Hunger hat, nicht aus Mordgier oder Heimtücke. Bei unserer Expedition haben wir erfahren, wie vorsichtig und zurückhaltend er sein kann. Wenn Thunfische, Blut und Fleisch in Mengen ins Wasser geworfen werden, hatten wir bis zu sieben Weiße Haie gleichzeitig am Boot. Doch von wilder Angriffslust keine Spur! Stunden dauerte es manchmal, bis einer der Haie sich entschloß, in einen der Köder zu beißen. Dabei zogen sie unermüdlich ihre Kreise um die ausgelegten Köder, führten manchmal Scheinangriffe durch, mehr nicht. Die wilde Freßorgie blieb aus. Das kann auch anders verlaufen: Gerade die Unberechenbarkeit der Weißen Haie macht sie gefährlich und für viele so unheimlich. Niemand kann vorhersagen, wie sie reagieren. Der Grusel, im Wasser möglicherweise einem Weißen Hai ausgeliefert zu sein, hält uns Menschen davon ab, auch mal die Schönheit, die Wildheit und die Zielstrebigkeit dieses Beutegreifers zu bewundern. Das Wahrnehmungsvermögen ihrer Sinnesorgane ist dem unseren bei weitem überlegen. Mit Sinneszellen, die sensibel sind für elektrische Felder, sind einige Haie in der Lage, Beute zu orten und zu unterscheiden. Von alledem wissen wir recht wenig. Die Forschungsarbeiten stehen erst am Anfang. Haie sind Stammesgeschichtlich gesehen zwar recht alt, aber dennoch hoch entwickelt. Die Körperform des Weißen Hais, kommt der hydrodynamischen Idealform am nächsten. Der Weiße Hai ist kein prähistorisches Monster, sondern ein großer Raubfisch. Sich vor ihm zu schützen, gelingt nur, wenn man auf dem Trockenen bleibt. Genau das wollten wir nicht, als wir uns entschlossen, ihn in seinem Element aufzuspüren – auf unserer Expedition zum »großen Weißen Hai«.

Carcharodon carcharias

So wird er in der wissenschaftlichen Sprache genannt, der Weiße Hai. Es ist nicht der einzige Name für ein Tier, das so wenige von uns jemals in freier Natur gesehen haben. In Australien nennen ihn die Menschen White Pointer, im Süden Afrikas dagegen Blue Pointer. Auf Hawaii heißt er Mano Niuhi. Manche reden von ihm als Weißer Tod, andere bezeichnen ihn schlicht als den »großen Weißen«. Doch alle meinen sie nur den einen, den Weißen Hai – Carcharodon carcharias. Den Namen Weißer Hai bekam er wahrscheinlich von Walfängern. Sie waren die ersten, die aus eigener Erfahrung über ihn berichten konnten. Sie hatten beobachtet, daß sich der Weiße Hai bei größerer Beute, etwa einem erlegten Wal, auf den Rücken dreht, um besser abbeißen zu können. Dabei sahen die Walfänger deutlich den weißen Unterkörper, der sich in einem Meer voll Walblut besonders nachdrücklich abhob. Vermutlich gaben sie ihm deshalb den Namen »Weißer Tod«, aus dem dann Weißer Hai abgeleitet wurde. Die Wissenschaft unterscheidet allein knapp 350 bekannte Haiarten in 12 Ordnungen. Carcharodon carcharias gehört zur Ordnung der sogenannten Makrelenhaie, die mit etwa 15 Arten zu den größten Haien zählen. Auffal-

Seit Menschengedenken haben wir Angst, von wilden Tieren gefressen zu werden.

lendstes Merkmal der Familie der Makrelenhaie, also auch der Weißen Haie, ist das lange Maul, das bis hinter die Augen reicht. Weiße Haie wurden bislang in allen Meeren gesehen. Ob sie auch in den arktischen Gewässern vorkommen, ist allerdings nicht bekannt. Gesichtet wurden sie im Flachwasser, in Küstenregionen und in Tiefen bis zu 1000 Metern. Der Lebensraum der Weißen Haie reicht von den tropischen Meeren bis zu den gemäßigten kalten Zonen. Wir wissen heute, daß er kältere Gewässer bevorzugt. Daß er ständig vor der Südküste Australiens, vor Südafrika und der Küste Kaliforniens lebt, ist durch viele Beobachtungen nachgewiesen worden.

Feinde muß Carcharodon carcharias nicht fürchten, vom Menschen einmal abgesehen. Er ist der wahre König der Meere. Von vielen, die ihn beobachtet haben, sind Worte wie Kraft und Anmut, Schönheit und Intelligenz, Bedrohung und Magie zu hören. Und jeder, der ihn einmal in seinem Element erlebt hat, wird das verstehen.

Was wissen wir über den Weißen Hai?

Die Gründe, weshalb wir so wenig über den Weißen Hai wissen, sind vielfältiger Art. Ein Hauptgrund: Der Weiße Hai kann in herkömmlichen Meerwasser-Aquarien nicht gehalten werden. Die Möglichkeiten, ihn zu studieren, sind also eingeschränkt. Die Probleme liegen auf der Hand: Studien im offenen Meer sind nicht nur gefährlich, sondern auch kostspielig, weil die Suche nach ihnen zeitraubend ist. Weiße Haie, die eines natürlichen Todes sterben, sinken auf den Meeresboden ab, und gehen den Forschern somit verloren. Deshalb ist auch unbekannt, wie alt Weiße Haie werden können.

Man vermutet, daß Weiße Haie als Einzelgänger unterwegs sind. In Gruppen treten sie nur selten auf, häufig nur dann, wenn Futter in großen Mengen sie anlockt. Auf unserer Expedition haben wir erlebt, daß bis zu sieben Exemplare zusammen am Boot auftauchten – ein seltener Glücksfall.

Grundsätzlich unterscheiden sich die Skelette der Haie von anderen Fischen. Sie

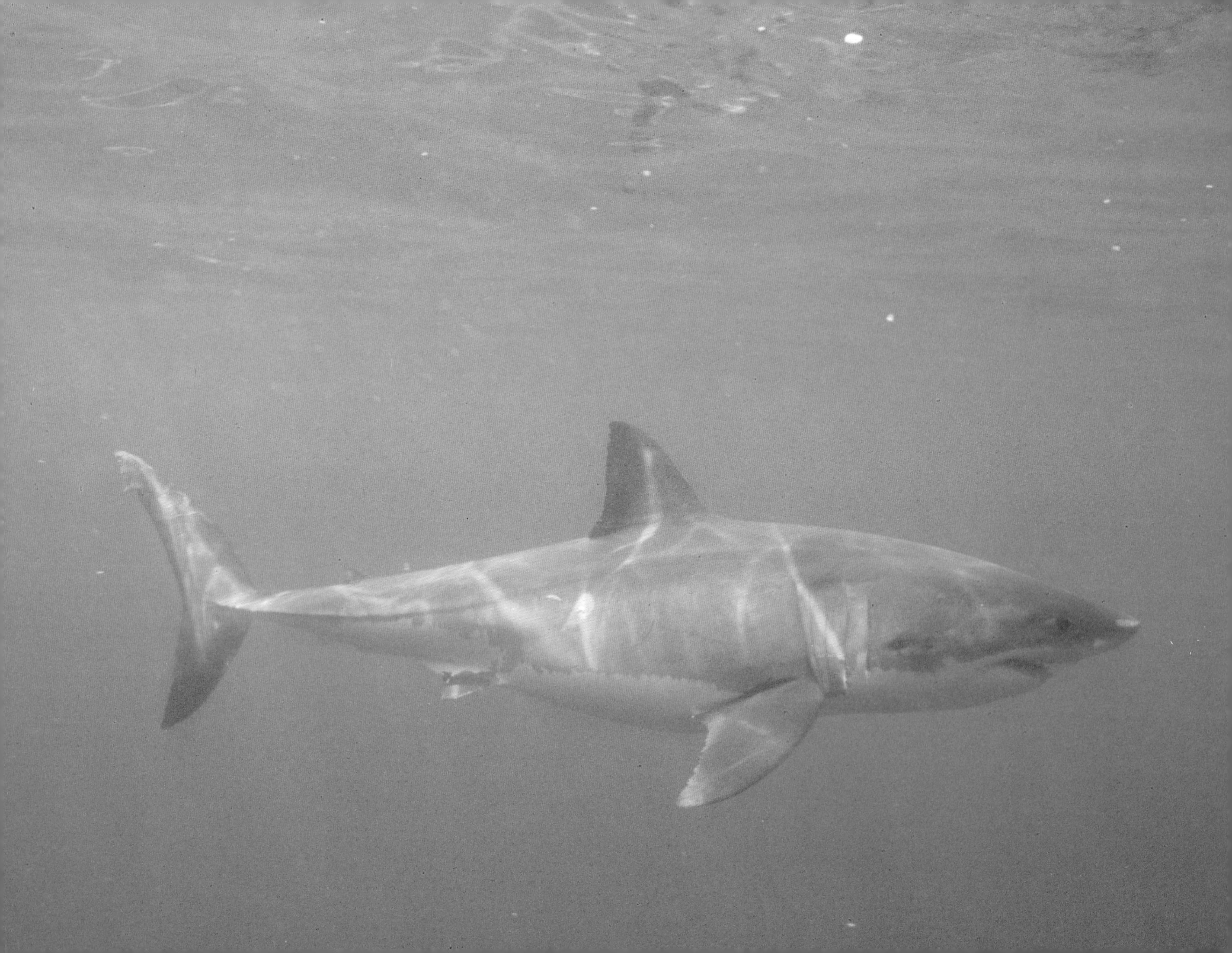

sind nicht aus Knochen, sondern aus Knorpel aufgebaut. Das Knorpelskelett ermöglicht den haitypischen Schwimmstil. Auf diese Weise kann der Weiße Hai mit geringem Energieaufwand weite Strecken zurücklegen. In der offenen See ist das von Vorteil, zumal, wenn das Nahrungsaufkommen gering ist. Natürlich hat dieses Knorpelskelett außerhalb des Wassers keinen Sinn, es wäre hier nicht in der Lage, das ungeheuere Gewicht eines Weißen Haies zu tragen. Bei einem Durchschnittsgewicht von ca. 1½ Tonnen bräche der ganze Körper in sich zusammen und würde den Hai jämmerlich verenden lassen.

Doch der Hai ist ja nicht für Bewegungen außerhalb des Wassers geschaffen. Der Weiße Hai besitzt keine mit Gas gefüllte Schwimmblase. Damit er nicht absinkt, hat sich Mutter Natur etwas einfallen lassen. Die Gewebe des Weißen Haies haben eine geringe Dichte, den Auftrieb unterstützt die ölhaltige Leber. Dennoch muß er immer schwimmen, will er aufgrund seines Gewichts nicht in die Tiefe absinken. Im Laufe der Evolution ist der Weiße Hai eine nahezu perfekte hydrodynamische Erscheinung geworden. Das bedeutet, sein Körper ist so auf die Umgebung eingestellt, daß sein Energieverbrauch optimal ausgenutzt wird. Der Weiße Hai wiegt im Wasser dank der Auftriebskräfte nur ein Bruchteil dessen, was er an Land wiegen würde.

Ein typisches Merkmal des Weißen Haies ist seine konisch zulaufende Schnauze. Sie brachte ihm in Australien auch den Namen »White Pointer = weißer Zeigestock« ein.

Unverkennbar sind daneben seine Augen. Wie bei allen Haiarten, die sich in größeren Tiefen aufhalten, sind sie auch beim Weißen Hai größer. Es gibt keine sichtbaren Pupillen. Man sieht nur eine feste, schwarze Scheibe, die nicht flexibel ist. Diese schwarzen Scheiben können bei Bedarf, vor allem im Augenblick des Angriffs und Zubeißens, in die Augenhöhlen rollen und sich mit einer Nickhaut überziehen. Diese Einrichtung soll die Augen des Weißen Haies schützen, zum Beispiel vor den scharfen Krallen der Seelöwen, seiner Hauptmahlzeit. Die Nickhaut ist eine Bindehautfalte im Inneren des Augenwinkels, die durch Muskeln über den Augapfel gezogen wird. Der Weiße Hai ist nicht am ganzen Körper, sondern nur auf der Bauchseite weiß.

Sie kommen weltweit in fast allen Küstengewässern vor.

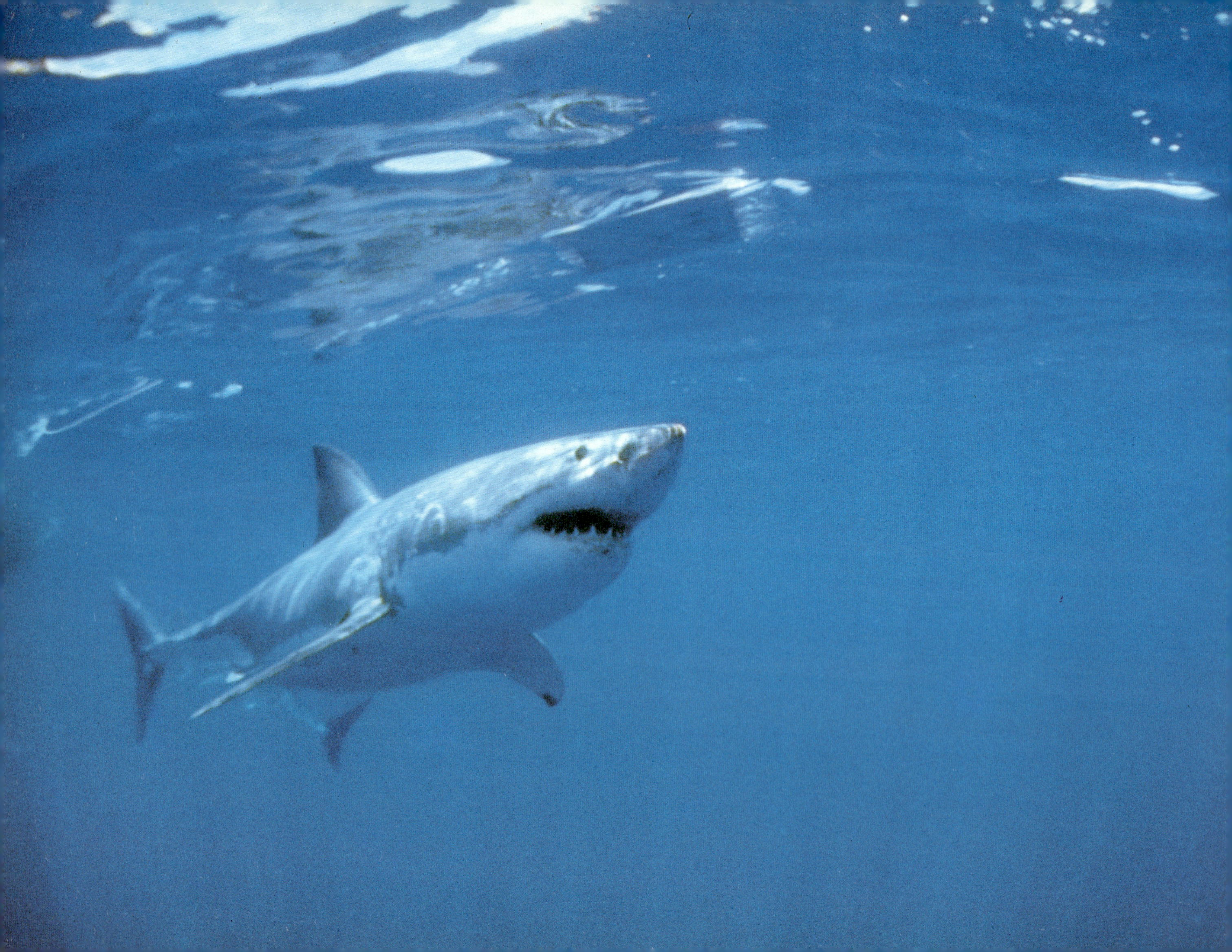

Was bedeutet dieses Grinsen? 19

**Der Weiße Hai verfügt über Sinneszellen,
die auch schwache elektrische Signale empfangen können.**

Flanken und Rücken variieren in verschiedenen Graustufen. Auch graubraune bis dunkelgrüne Exemplare wurden schon gesichtet. Manche Weißen Haie sind an den Spitzen ihrer Brustflossen schwarz. Diese kleinen Unterschiede können im Haikäfig schnell erkannt werden und erleichtern es, die einzelnen Tiere von einander zu unterscheiden. Von »normalen« Fischen unterscheidet sich der Weiße Hai auch durch seine Haut. Unzählige Miniaturzähne machen die Oberfläche zu einem Reibeisen. Diese Hautzähne sind harte, stiftartige Gebilde, die mit eigenen Nerven- und Blutgefäßen durchzogen und an der Spitze aufgerauht und gebogen sind. Der Sinn des Ganzen: Womöglich dient die Haut als Waffe im Kampf mit der Beute. Streicht man von vorn nach hinten mit der Hand über den Körper eines Haies, so fühlt sich die Oberfläche glatt und fest an.

In der anderen Richtung hingegen, von hinten nach vorne, bohren sich die gebogenen Hautzähnchen wie kleine Messer in die Hand, was zu bösen Verletzungen führen kann. Die Experten sind sich nicht sicher über den Nutzen dieser Einrichtung. Möglich erscheint auch, daß das Wasser durch die Hautzähnchen besser hindurchfließt und die Körperlage so zusätzlich stabilisiert wird. Die Rumpfmuskeln des Weißen Haies setzen zusätzlich an der Außenhaut an. Sie können gegen die Haut verschoben werden, ein Vorteil, wenn energiesparend hohe Geschwindigkeiten erreicht werden sollen. Der Weiße Hai gehört zu den schnellsten Schwimmern unter den Fischen. Mit seinem gekielten Schwanzstiel und der halbmondförmigen Schwanzflosse können sie nahezu mühelos bei geringem Energieverbrauch sowohl schnelle als auch langsame Schwimmbewegungen durchführen. Das Maul des Weißen Haies ist eine der furchtbarsten Waffen im Tierreich, eine einmalige Konstruktion: Die dolchspitzen Zähne sind in mehreren Reihen hintereinander angeordnet. Sobald ein Zahn der vordersten Reihe bricht, schiebt sich ein neuer von hinten nach vorne und übernimmt die Arbeit. Wie viele Zähne ein Weißer Hai im Laufe seines Lebens verbraucht, ist unbekannt; Schätzungen gehen in die Zehntausende. Wissenschaftler nehmen an, daß vor rund 300 Millionen Jahren Haie auf dem Grund lebende Krebse und andere

Kleintiere als Hauptnahrung gefressen haben. Ihr »unterständiges« Maul, an der Unterseite des Schädels angebracht, war dafür bestens geeignet. Im Laufe der Stammesgeschichte nahmen die Fischbestände in den Ozeanen zu. Einige Haiarten, so auch der Weiße Hai, gingen dazu über, auf Fische und andere frei schwimmende Meerestiere Jagd zu machen. Das unterständige Maul haben sie jedoch beibehalten.

Merkwürdig ist, daß Carcharodon carcharias nicht sieht, was unmittelbar vor ihm passiert. Er erkennt auch nicht, wohin er beim Angriff beißt. Dafür hat ihn die Natur mit zusätzlichen Sinnesorganen ausgestattet: den elektrischen Rezeptoren. Sie liegen verteilt auf der Schnauze und können elektrische Felder wahrnehmen, von denen Beutetiere umgeben sind. Über dieses Ortungssystem ist der Weiße Hai in der Lage, Tiere in verschiedenen Situationen aufzuspüren. Sogar Pulsschläge von Fischen – und sind sie auch noch so schwach – können schnell und präzise geortet werden.

Diese Fähigkeit, elektrische Felder wahrzunehmen, erklärt auch, weshalb Weiße Haie scheinbar blindlings in Boote, Haikäfige und Schiffsschrauben hineinbeißen. Mit Freßgier hat das nichts zu tun. Vielmehr wird der Hai durch »neue« elektrische Felder verwirrt, die z.B. von Booten, aber auch von Menschen ausgestrahlt werden.

Ein Weißer Hai ist in der Lage, sich an größeren Tieren zu vergreifen, zum Beispiel an Walen. Beim Zubeißen entwickelt er ungeheure Kräfte: 15 Tonnen Druck pro Quadratdezimeter Kraft hat man gemessen, wobei der Hai nur drei Meter lang, also relativ klein war. Zum Speisezettel des Weißen Haies zählen Robben, Delphine, Schildkröten, Rochen und Wale. Man nimmt an, daß er auch vor Artgenossen nicht haltmacht. Im offenen Meer ist Hai-Beute nicht so reichlich vorhanden wie vor der Küste. Um Opfer aufzuspüren, verfügt der Weiße Hai offenbar über weit mehr Sinnesorgane, als man bisher vermutete. Wichtig ist der Geruchssinn. Er ist derart empfindlich, daß der Weiße Hai Beute auch über weite Entfernungen wahrnehmen kann. Über ihre Fortpflanzung ist nahezu nichts bekannt. Eine Paarung zwischen Weißen Haien wurde bislang noch nicht beobachtet oder gefilmt. Fest steht nur, daß die Eier im Mutterleib befruch-

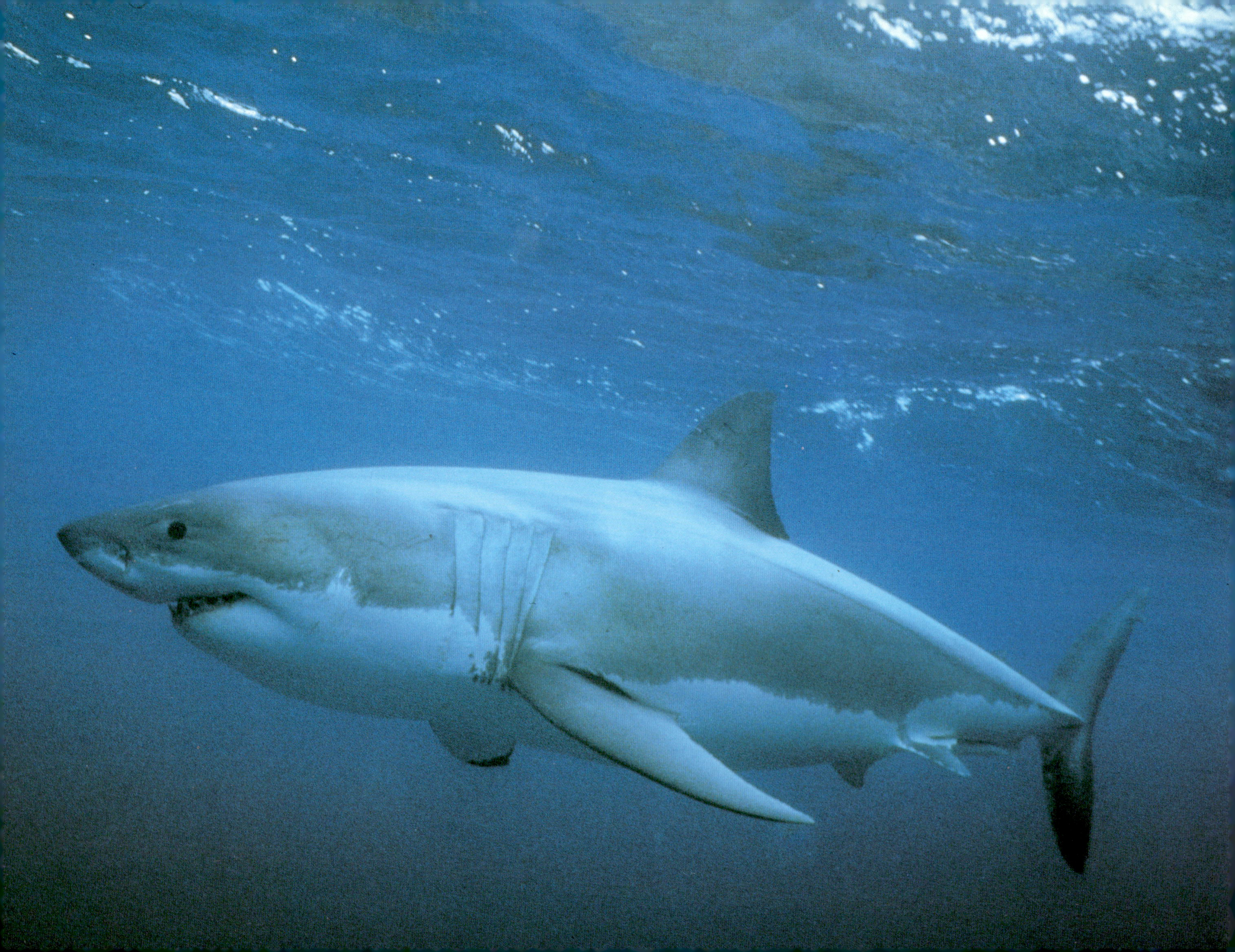

Dieser Weiße Hai kommt uns ungeheuer groß vor.

Tatsache ist, daß sie ihre menschlichen Opfer selten auffressen.

tet werden. Dazu führt das männliche Tier sein penisähnliches Klammerorgan in die Kloake, die Geschlechtsöffnung des weiblichen Tieres, ein. Die befruchteten Eier wachsen im Mutterleib heran. Weiße Haie werden lebend geboren.

Weder gibt es über den Fortpflanzungszyklus, Paarung, Befruchtung sowie Geburten Erkenntnisse, noch weiß man, wie lange die Embryonen im Mutterleib heranwachsen. Unbekannt ist ferner, ob sich Weiße Haie während des ganzen Jahres fortpflanzen können. Ob nur ein Junges geboren wird, wann der Eisprung stattfindet: Fragen über Fragen! Bekannt ist immerhin, daß Weibchen größer sind als Männchen. Und noch etwas wissen wir: Der Weiße Hai kommt als Räuber zur Welt. Im Mutterleib hat er den jüngeren Embryo und andere Eier aufgefressen, ein Phänomen, daß Gebärmutter-Kannibalismus genannt wird. Wie groß ein Weißer Hai werden kann, ist unbekannt. Wir wissen nur, solange er frißt, wächst er auch. In der Karibik wurde in den 40er Jahren ein Exemplar aus dem Wasser gezogen, das drei Tonnen wog und sechseinhalb Meter Länge aufwies. Von neugeborenen Weißen Haien wissen wir immerhin, daß sie etwa eineinhalb Meter lang sind.

Viele Fragen über die Weißen Haie sind noch immer offen. Ob wir Menschen je eine Antwort erhalten werden? Gerade der Mangel an Wissen hat dazu beigetragen, daß um den Weißen Hai ein Mythos entstanden ist, genährt von Angst- und Schreckensberichten, die keiner widerlegen kann.

Was gibt es Neues über den Weißen Hai?

Ehrlich gesagt: gar nichts! Im Laufe von Jahrmillionen Jahren, die Carcharodon carcharias nun schon durch die Weltmeere zieht, hat er sich zu dem entwickelt, was wir in Südaustralien gesehen haben: einen perfekten Räuber und den größten fleischfressenden Fisch unseres Planeten. Wir wissen, was er frißt, aber nicht wieviel, wie oft und was seinen Appetitsinn anregt. Wir wissen, er hat eine tödliche Angriffsstrategie entwickelt und geht dabei jedem Kampf aus dem Weg: angreifen – zubeißen – abwarten – fressen! Nach dem ersten Biß zieht sich der Hai zurück, um die Beute ausbluten zu lassen. Dabei umkreist er die Beute ständig; erst, wenn sie sich kaum noch bewegt, frißt der Hai sie auf. Ein perfektes Ungeheuer also? Mitnichten! Der Weiße Hai jagt wie jedes andere Tier nur dann, wenn er Hunger hat. Keiner weiß, wie viele Weiße Haie es gibt. Unbekannt ist, wie groß oder schwer er werden kann. Allesamt offene Fragen. Die Möglichkeiten, den Weißen Hai zu erforschen, sind begrenzt, da er sich in Aquarien nicht lange halten läßt und Hochseeforschung an Haien sehr teuer ist. Trotz hochentwickelter Technik und ungestilltem Forscherdrang stehen wir beim Weißen Hai vor derzeit unlösbaren Problemen. Vielleicht gelingt es irgendwann einmal, die offenen Fragen zu beantworten. Bis dahin bleibt der Weiße Hai ein Mythos. Er zieht durch die Weltmeere, und niemand kann ihn daran hindern, außer uns Menschen.

Gefahr: Wirklichkeit oder Einbildung?

Warum haben wir so große Angst vor einem Tier, dem nur die wenigsten von uns in der Natur schon einmal begegnet sind?

Irgendwie haben wir doch ein im Unterbewußtsein zumindest ein komisches Gefühl, wenn wir über den Weißen Hai sprechen.

Die Angst, von einem so wilden Tier wie dem Weißen Hai lebendig gefressen zu werden, ist fest in uns verankert. Mit der Realität hat dies wenig zu tun. Die Angst, von einem Weißen Hai gejagt und gefressen zu werden, wird mehr von Horror- und Schreckensberichten genährt als von fundierten Erkenntnissen der Wissenschaft. Ist der Weiße Hai überhaupt ein Menschenfresser? Von den heute etwa 350 Haiarten wissen wir nur so viel, daß sie schon vor unserer Zeit auf der Erde existiert haben. Ihr Instinkt gibt ihnen vor, in der Hauptsache Fisch, Robben und Delphine zu jagen. Ihr Freßverhalten haben sie auch mit dem Eintritt des Menschen in die Evolution nicht geändert. Wieso werden dann gerade die Weißen Haie als Menschenfresser

An der Küste Süd-Australiens werden sie immer seltener gesichtet.

verunglimpft? Fachleute glauben, eine plausible Erklärung gefunden zu haben. Seit man Haiangriffe auf Menschen aufzeichnet, stellt man immer wieder fest, daß ihnen in der Hauptsache Schwimmer und Surfer zum Opfer fallen. Untersuchungen haben ergeben, daß die Silhouette eines im Wasser schwimmenden Menschen aus der Haiperspektive betrachtet der eines Seelöwen, der Lieblingsspeise der Weißen Haie, ähnlich sieht. Es liegt also auf der Hand, weshalb gerade Schwimmer immer wieder Opfer von Haiattacken werden. Auch Surfer, die ihre Arme und Beine rechts und links vom Brett ins Wasser baumeln lassen, scheint der Hai mit Seelöwen zu verwechseln. Ein kreisrunder Biß in einem Surfbrett zeugt von seinem Irrtum und sorgt in den Medien für üppige Schlagzeilen. Wir wissen wenig über Weiße Haie, sie sind uns fremd. Wüßten wir mehr über ihren Freßtrieb, könnten wir uns vielleicht besser schützen. Niemand ist in der Lage vorauszusehen, wie Haie reagieren. Verhaltensregeln bei Haiangriffen, oft in Büchern zitiert, sind daher mit äußerster Vorsicht zu genießen. Gegen mögliche Angriffe des Weißen Haies gibt es nur ein wirksames Mittel: Bleiben Sie auf dem Trokkenen!

Wisemans Beach (Port Lincoln), Süd-Australien, Natal Beach (Durban), Südafrika und die Küste von Kalifornien sind allesamt Orte, wo es in der Vergangenheit zu Haiangriffen auf Menschen gekommen ist. Schlagzeilen erzeugen dann eine regelrechte Weiße-Hai-Hysterie und schüren die Panik vor der »schrecklichen Bestie«. Unfälle sind zu bedauern, keine Frage. Doch die Wahrscheinlichkeit, von einem Blitz erschlagen zu werden oder auf der Fahrt zum Strand einen Autounfall zu haben, ist weitaus größer, als von einem Weißen Hai attackiert zu werden. Richtig ist, daß etwa ein Dutzend Menschen pro Jahr von Haien verletzt werden. Inwieweit der Weiße Hai daran beteiligt ist, ist unbekannt. Daß eine Haiattacke für den Betroffenen tragisch ist, wer will das bestreiten? Im Moment eines Angriffs denkt sicher jeder anders über diese Tiere. Aber bedenken Sie, es kommen immer noch mehr Menschen durch Bienenstiche ums Leben als durch Haie. Und niemand fordert, deshalb alle Bienen umzubringen. Dafür werden jedes Jahr Haie fast sämtlicher

Renate im Haikäfig.

Arten mit einem Gesamtgewicht von 500 Millionen Kilogramm gefangen und zu Nahrung verarbeitet. Wollten die Haie gleichziehen, müßten sie etwa vier Millionen Menschen fressen!

Der Haikäfig bietet den besten Schutz vor Haiangriffen. Wenn Sie einmal das seltene Glück haben, einen Weißen Hai in seiner natürlichen Umgebung beobachten und fotografieren zu können, dann werden Sie uns sicherlich zustimmen, daß gerade er eines der faszinierendsten Geschöpfe unseres Planeten ist. Die Kraft, die Zielstrebigkeit, ja auch die Überlegenheit, die dieses Tier ausstrahlt, läßt uns Menschen immer wieder in tiefe Bewunderung versinken. Die heimtückischen Angriffe in dem Hollywood-Schocker »Der Weiße Hai« sind zwar Filmgeschichte, haben aber mit der Realität kaum etwas gemein. Hier wird vorausgesetzt, daß Weiße Haie logisch denken bzw. zielgerichtet eine Absicht verfolgen. Wer den Angriff eines Weißen Haies überlebt, hat dies einzig der Tatsache zu verdanken, daß der Hai nach dem Angriff sein Opfer zunächst wieder losläßt, um es zu beobachten. Diesem Umstand hat auch Rodney Fox sein Leben zu verdanken: Als er 1963 von einem Weißen Hai angegriffen wurde, verletzte der Hai ihn schwer durch einen Biß in die linke Seite. Die linken Rippen waren gebrochen, die Lunge verletzt, es war ein Wunder, daß Rodney lebend aus dem Wasser kam. Er konnte sich nur durch massive Gegenwehr vor einem weiteren Angriff schützen und das Boot erreichen. Nur die Tatsache, dem Hai geistesgegenwärtig in die Augen zu fassen, gaben Rodney eine winzige Chance. Im ernsthaften Kampf mit dem Weißen Hai hätte er keine Chance gehabt. Rodney Fox wurde von einem Chirurgen in Adelaide mit 460 Stichen wieder zusammengeflickt. Ob derartige Angriffe unter der Rubrik Freßversuche oder Revierverteidigung einzuordnen sind, wissen Hai-Experten bis heute nicht. Nur eines ist sicher: Wenn der Weiße Hai hierbei seinen Lebensraum verteidigen sollte, tut er das mit seinen Zähnen – und davon besitzt er eine ganze Menge.

TEIL 2

Dem großen Weißen Hai auf der Spur

Unsere zehntägige Expedition vor der Küste Süd-Australiens
1. Tag Treffen mit Rodney Fox in Port Lincoln

Es ist Freitagmorgen, der 18. Januar 1991. Wir stehen an der Bushaltestelle in Port Lincoln mit 160 Kilogramm Gepäck. Es ist noch sehr früh, etwa 6 Uhr, und deshalb sind wir froh, gleich ein Taxi zu bekommen. Wir kennen uns hier nicht aus und fragen die Taxifahrerin nach einer Unterkunft. Sie empfiehlt uns das Blue Seas Motel. Dort öffnet uns tatsächlich die noch etwa müde wirkende Besitzerin und teilt uns ihr letztes Zimmer zu. Wir sind unendlich glücklich, daß alles so geklappt hat.

Nach einer Tasse Kaffee lassen wir die letzten Ereignisse noch einmal an uns vorüberziehen. Seit vier Wochen sind wir nun schon in Australien. Wir haben am Great Barrier Reef getaucht, an der Ostküste Australiens, waren eine Woche auf Tasmanien, eine Woche auf Kangaroo Island und sind dann von Adelaide aus nach Port Lincoln geflogen. Denn hier, in Port Lincoln, erwartet uns eines der größten Abenteuer, das es für Sporttaucher gibt. Wir wollen an einer Expedition teilnehmen, die uns zum Carcharodon carcharias führt, zum großen Weißen Hai.

Wir haben sehr viel Gepäck mit uns und in den letzten Wochen auch fast nie Probleme damit gehabt. Bis wir nach Adelaide kamen.

Dort, auf dem Flughafen, erkundigten wir uns nach Kandell-Airlines, der Fluggesellschaft, mit der wir nach Port Lincoln weiterfliegen wollten. Das Bodenpersonal entgegnete freundlich, aber sehr bestimmt, daß sie unmöglich unser ganzes Gepäck befördern könnten, denn die Maschine sei für sechs Personen eingerichtet und daher zu klein. Eine peinliche Situation, denn wir konnten auf nichts verzichten, weder auf Fotoausrüstung noch auf das Tauchgepäck. Nur auf die Kleider hätten wir ja zur Not noch verzichtet. Es half nichts, wir mußten uns etwas einfallen lassen. Wir überlegten, einen Leihwagen zu mieten. Das wäre aber um ein Vielfaches teurer gewesen als der Flug, denn wir hätten den Wagen anschließend wieder nach Adelaide zurückbringen müssen. Warum wir denn nicht den Nachtbus nähmen, fragte uns ein freundlicher Australier. »Da könnt ihr Gepäck einladen, so viel ihr wollt«. Warum nicht? Und ehe wir uns recht besinnen konnten, hatten wir schon zwei Tickets und damit zugleich die Gewißheit, rechtzeitig mit all unserem Gepäck in Port Lincoln zu sein. So, und nun sitzen wir in unserem Motel. Es klopft an der Tür. Die Besitzerin fragt, ob wir etwas zum Frühstück möchten? Welch eine Frage. Natürlich! Sie ist sehr nett und will wissen, was uns hier nach Port Lincoln verschlagen habe. Es ist der Weiße Hai, ja, wir wollen den Weißen Hai sehen. Sie lacht und bittet uns in das Nebenzimmer. Wir trauen unseren Augen nicht. An der Wand hängen Fotographien, von denen wir nicht zu träumen gewagt hätten: der Weiße Hai in allen Lebenslagen. Wir erkundigen uns, woher sie diese Bilder hat? Na, von Rodney Fox natürlich. Denn Rodney sei der frühere Besitzer dieses Motels und habe ihr die Bilder überlassen. Wenn das kein Zufall ist! Bei Rodney Fox haben wir unsere Expedition gebucht. Und nun sitzen wir im Motel, das einmal ihm gehörte, und bewundern seine Bilder. Rodney dürfte einer der ganz wenigen Menschen sein, die in der Lage sind, einen Weißen Hai zu finden, den wohl bekanntesten und gefürchtetsten Hai überhaupt. Um an das Tier dicht heranzukommen, braucht man jemanden mit viel Erfahrung im Umgang mit diesem Räuber. Es ist so gut wie aussichtslos vor die Küste zu fahren und auf eine zufällige Begegnung zu hoffen. Man muß die Weißen

Haie anlocken. Dazu braucht man ein Boot, daß kräftige Haikäfige aufnehmen kann, und vor allem einen Skipper, der weiß, wo er Weiße Haie mit einer ausgelegten Spur anlocken kann. Rodney Fox lebt schon seit vielen Jahren nicht mehr in Port Lincoln, lediglich seine Expeditionen starten von hier aus. Wir haben Rodneys Telefonnummer von Carl Roessler bekommen, dem wahrscheinlich größten Tauchreiseveranstalter der Welt. Er leitet sein Büro von San Francisco aus. Nur über Carl ist es möglich, einen Platz für eine derartige Expedition zu ergattern. Es gibt nur zwei Expeditionstermine im Jahr für jeweils zehn Tage, Mitte und Ende Januar. Für diese Zeit chartert Carl Roessler das Boot, die Crew und natürlich Rodney Fox. Maximal sieben Taucher pro Expedition können mitfahren. Ansonsten nimmt Rodney Fox nur professionelle Filmteams mit auf Hai-Expeditionen, wohl auch, weil sie bereit sind, seine hohen Preise zu akzeptieren. Denn zehn Tage Haisafari kosten immerhin stolze 8000 US-Dollar, pro Person wohlgemerkt. Carl Roessler befindet sich noch in Sydney, während wir schon nach Port Lincoln vorgereist sind. Man hat die Möglichkeit, zusammen mit ihm über Sydney nach Port Lincoln zu reisen oder selbst dafür zu sorgen, zur ausgemachten Zeit vor Ort zu sein. Ein Anruf, und wir haben Carl am Apparat. Er ist erleichtert, von uns zu hören. Denn wir sind die ersten Deutschen, mit denen er in puncto Weißer Hai je etwas zu tun hatte. Drei weitere Teilnehmer sind bereits bei ihm in Sydney. Wir teilen ihm mit, daß wir noch ein kleines Problem hätten, knapp einen Meter groß und fünf Jahre alt; unsere Tochter Alexandra. Da wir zwei Monate in Australien verbringen wollten, haben wir Alexandra natürlich mitgenommen. Auf den anderen Tauchbooten stellte sie kein Problem dar. Doch bei diesem Unternehmen waren wir uns nicht ganz sicher. Wir selbst hatten überhaupt keine Bedenken, Alexandra mitzunehmen. Doch wie denkt ein Carl Roessler oder ein Rodney Fox darüber? Wir beabsichtigten, sie diesbezüglich vor vollendete Tatsachen zu stellen. Carl schmunzelte und meinte, von seiner Seite aus sei es okay. Auch für die anderen ist Alexandra kein Problem. Uns fällt ein Stein vom Herzen! Nur Rodney Fox, den müßten wir schon noch selbst überzeugen, meint Carl, wir würden ihn im Hilton Motel in Port Lincoln finden. Dort sei er noch mit einem französischen Filmteam beschäftigt, das gerade eine Hai-Expedition abgeschlossen habe. Wir verabschieden uns und freuen uns auf den nächsten Tag, an dem wir uns endlich persönlich kennenlernen werden. Leider erreichen wir Rodney nicht. Nach drei ergebnislosen Anrufen beschließen wir, uns das Städtchen Port Lincoln näher anzusehen. Von unserem Motel aus ist es nicht weit zum Strand. Port Lincoln besitzt den größten Fischereihafen Australiens und die größte Thunfischflotte. An der Bucht, die dreimal so groß ist wie die des Hafens von Sydney, ließen sich um 1800 amerikanische und deutsche Walfänger nieder. Heute leben hier rund 11000 Einwohner. Wir suchen uns ein kleines Restaurant, genießen die warme Sonne, studieren einen Stadtplan und entdecken, daß wir uns ganz in der Nähe des Hilton Motels befinden. Da gehen wir doch gleich selbst vorbei, beschließen wir, und haben tatsächlich Glück: Wir treffen Rodney in der Empfangshalle. Irgendwie ist es schon ein tolles Gefühl. Wir haben so viel von Rodney gehört und gelesen... Wer kennt nicht die Bilder seiner Narben, Folgen einer für ihn beinahe tödlichen Begegnung mit dem großen Weißen Hai. 1963 wurde Rodney Fox während eines Tauchganges an Australiens Südküste von einem Weißen Hai schrecklich verletzt; er dürfte einer der wenigen Menschen sein, die eine derartige Attacke überlebt haben und danach noch alle Gliedmaßen besaßen. Er verdankt sein Leben einem Freund, der sein Auto direkt am Strand geparkt hatte und ihn so in weniger als einer Stunde in die Klinik nach Adelaide bringen konnte. Seit diesem Vorfall bestimmt der Weiße Hai das Leben von Rodney Fox. Und nun steht Rodney leibhaftig vor uns, braungebrannt und voller Tatendrang. Ein kurzer Blick, eine herzliche Begrüßung, wir sind uns sofort sympathisch. Alexandra ist auch für Rodney kein Problem. Wir haben Glück: Silvia, die Freundin von Andrew, Rodneys Sohn, fährt mit, um für unser leibliches Wohl zu sorgen. Alexandra und Silvia verstehen sich auf Anhieb. Rodney meint, wir müßten uns im klaren darüber sein, daß das Boot kein übliches Tauchschiff sei, und schon gar kein luxuriöses. Das ist uns alles egal, Hauptsache, wir können unsere Tochter mitnehmen und sehen Weiße Haie. Das ist nämlich gar nicht so selbstverständlich. Das französische Filmteam war zwei Wochen unterwegs. Und erst in den letzten Tagen kamen die Haie ans Boot. Nun, wir sind zuversichtlich, hat doch bis jetzt alles so hervorragend geklappt. Gut gelaunt gehen wir in unser Hotel zurück und erwarten den nächsten Tag voller Spannung. Wir wollen uns gegen 14.00 Uhr im Hafen treffen und gegen 17.00 Uhr auslaufen. Das Bunkern der Vorräte und, vor allem, den Ködern für die Haie braucht seine Zeit. Wir sind sehr gespannt auf die übrigen Expeditionsteilnehmer. Sind es ältere oder jüngere, fanatische Sporttaucher oder einfach Taucher, die sich mit dieser Expedition den Traum ihres Lebens erfüllen? Zu Hause sind wir oft gefragt worden, warum es denn ausgerechnet der Weiße Hai sein müsse? Also, ehrlich gesagt. Es gibt dafür mehrere Gründe. Der wichtigste: Die Wildheit und die Freiheit, die dieses Tier ausstrahlt. Der Weiße Hai läßt sich nicht einsperren, es ist bis heute nicht gelungen, einen Weißen Hai in einem Aquarium für längere Zeit am Leben zu erhalten, ganz gleich, wie groß oder wie alt er war. Wir sind unter Wasser schon Haien begegnet. Doch der Weiße Hai ist etwas ganz Besonderes. Man weiß noch so gut wie gar nichts über ihn. Trotz aller Technik, die uns zur Verfügung steht, gelingt es dem Weißen Hai, das Geheimnis seines Lebens und Überlebens für sich zu behalten. Es muß etwas ganz Außergewöhnliches sein, diesem Tier in seinem ureigenen Element zu begegnen. Vor zwei Jahren haben wir uns für diese Expedition angemeldet und durch glückliche Umstände sehr schnell einen Platz bekommen; die normale Wartezeit dauert etwa fünf Jahre. Ein Traum wird für uns in Erfüllung gehen, schneller als erwartet.

2. Tag Die »NENAD«, unser Expeditionsschiff

Das ist wirklich toll. Wir können einige Dinge aus unserem Gepäck, die wir auf der Expedition nicht unbedingt benötigen, im Blue Seas Motel deponieren. Ein Taxi bringt uns zum Hafen. Wir wissen nur den Namen des Schif-

Die »NENAD«.

Ein neuer Tag beginnt. Wie viele »Haie« werden wir auf dieser Expedition sehen?

fes, es ist die »NENAD«. Der Taxifahrer lächelt gequält, denn hier im Hafen liegen Hunderte von Schiffen. Nach einer kurzen Hafenrundfahrt entdecken wir die »NENAD«. Zwei große Geländefahrzeuge stehen davor, beladen mit unzähligen Proviantkisten. Hier ist keine Hektik zu spüren, aber das Schiff strahlt eine gewisse Spannung, eine Atmosphäre aus, die uns sofort in ihren Bann zieht. Wir spüren, hier passiert etwas ganz Besonderes. Wir laden unser Gepäck aus dem Taxi, bezahlen und stehen etwas hilflos herum. Was sollen wir tun? Die Crew ist ein eingespieltes Team, wir würden mit Sicherheit nur stören bei dem Versuch zu helfen. Es ist im Moment niemand da, den wir kennen. Ein Junge meint, Rodney sei mit Andrew zum Flughafen gefahren, um die anderen abzuholen. Da kommt ein Taxi. Ein sympathischer junger Mann steigt aus, mit zwei Tauchtaschen und einigen Photokoffern. Er kommt auf uns zu und fragt, ob wir an dieser Expedition teilnehmen würden? Ja, antworten wir und stellen uns gegenseitig vor. Er sei Allan Dean Foster, komme aus Arizona und habe gerade zwei Wochen am Great Barrier Reef verbracht. Allan erzählt, daß er schon

Ein großes Abenteuer beginnt.

öfter in Deutschland gewesen sei – geschäftlich. Allan ist ein berühmter Fantasy-Autor, der Bücher wie »Alien« geschrieben hat. Wir fragen ihn, warum er diese Tour mitmacht. Oh, neue Ideen, ja, neue Ideen für sein nächstes Buch möchte er sammeln. Also, wir haben uns auf einiges gefaßt, doch wenn uns jemand vor der Fahrt diesen Grund genannt hätte, hätten wir bestimmt den Kopf geschüttelt.

Allan kann einige Brocken Deutsch, und

wir unterhalten uns in einem herrlichen Kauderwelsch, so daß wir gar nicht bemerken, wie ein zweites Auto heranfährt, Rodney mit den anderen Teilnehmern. Ein großes Hallo beginnt, da ist zuerst Carl Roessler, sichtlich erleichtert, uns hier am Hafen zu sehen, dann Sebastian aus Schottland, Greg aus Kalifornien, Michael (Mike) aus Indianapolis, Brent aus Tennessee und unser Kapitän Mateo. Es ist faszinierend: Wir sehen uns in Port Lincoln alle zum ersten Mal, doch schon nach wenigen Minuten haben wir uns angefreundet, ja, man hat das Gefühl, uns verbindet etwas, und das ist auch tatsächlich so: das Ziel, eines der größten Tiere der Welt, den »Weißen Hai«, in freier Wildbahn zu erleben.

Ein hartes Stück Arbeit liegt vor uns. Wir müssen auf engstem Raum unser Gepäck verstauen. Wir betreten die »NENAD«, die nun für die nächsten zehn Tage unser Zuhause sein wird. Die »NENAD« ist ein moderner Krabbentrawler mit 23 Meter Länge; Rodneys Vorwarnung war berechtigt, allzuviel Luxus gibt es tatsächlich nicht: Eine Vierer-, eine Sechserkabine, Dusche, Toilette und Kombüse. Hierzu kommt das Wichtigste: Die beiden Haikäfige, jede Menge Tauchflaschen und natürlich »Baits«, die Köder, gewaltige Mengen Fleisch und Blut, die in Gefrierbehältern lagern. Als Köderfleisch wird hauptsächlich Thunfisch verwendet. Das liegt nahe, erklärt uns Mateo, unser Kapitän, ist doch in Port Lincoln die größte Thunfischflotte Australiens beheimatet. Ach ja, genau, das haben wir gestern auf unserem Bummel durch Port Lincoln schon mitbekommen. Mateo ist reizend. Er nimmt sofort Alexandra bei der Hand und zeigt ihr die Koje. In der Sechser-Kabine steht ein großer Tisch, auf dem wir unsere Fotoausrüstungen ausbreiten können. Das Tauchgepäck wird in Plastikkörben verstaut. Und dann ist da noch Bob, Maschinist und Matrose, die gute Seele auf der »NENAD«, wie Mateo meint. Silvia versucht, die Kombüse noch schnell in Ordnung zu bringen, gibt jedoch schnell auf, weil wir alle wie die Ameisen hin und her laufen. Jeder schleppt etwas von der einen Ecke in die andere. Es dauert eine knappe Stunde, dann sitzen wir an Deck, trinken gemütlich Bier und Cola und genießen den Anblick der imposanten Haikäfige, die schräg über uns auf dem zweiten Deck festgemacht sind. In einen Hai-

Carl zögert!

käfig passen bis zu vier Taucher. Sie bestehen aus massivem Stahlgestänge und bieten zweifellos den besten Schutz, um sich vor Angriffen zu schützen. Eine zufällige Begegnung mit dem unberechenbaren Weißen Hai ohne Käfig kann faszinierend sein, erschreckend, aber auch tödlich enden. Rodney weiß aus eigener Erfahrung ein Lied davon singen.

Es ist alles verstaut. Mateo verabschiedet sich von seiner Familie und seinem Hund. Abschiedsworte werden gewechselt, ein letztes Winken, und dann geht es endlich los. Kurz nach 17.00 Uhr legen wir im Schein der Nachmittagssonne ab und nehmen Kurs auf zu einem der größten Abenteuer, die es unter Wasser gibt. Unser Ziel sind die vorgelagerten Inseln an Australiens Südküste. Wir sitzen gesellig beisammen, Silvia kocht uns, dem Geruch nach, ein hervorragendes Abendessen, Andrew schaut nach, ob wir auch alles gebunkert haben. Mateo und Bob sind im Steuerhaus. Alexandra hat es sich bei Silvia in der Kombüse schon gemütlich gemacht, und irgendwie fühlen wir uns alle rundherum wohl. Es ist eine fröhliche, ungezwungene Atmosphäre, und wir nützen die Zeit, uns bis tief in die Nacht hinein näher kennenzulernen. Sebastian ist ein junger Maler aus Schottland. Sein erster Auftritt war einfach herrlich: Vollkommen schwarz gekleidet, schwarze Sonnenbrille, schwarzes Haar, mit Gel nach hinten gekämmt, so haben wir uns am Hafen kennengelernt. Nun sitzt er hier und ist einfach nicht wiederzuerkennen: Alte Jogginghose, Windjacke, die Sonnenbrille fehlt. Sein kompliziertes Englisch ist für uns nicht so einfach zu verstehen, deshalb spricht er betont langsam, damit auch wir etwas mitbekommen. Sebastian lebt in London und Edinburgh, sein Alter hat er uns nicht verraten. Doch das Tollste ist: er hat in seinem Leben noch nie getaucht! Wir trauen unseren Ohren nicht. Haben wir richtig gehört? Ungläubig schauen wir uns an. Doch, tatsächlich, Carl Roessler bestätigt es. Vor fünf Jahren hat sich Sebastian für diese Expedition angemeldet und jetzt einen Platz bekommen. Schon als kleiner Junge war es sein größter Wunsch, einmal dem Weißen Hai in die Augen zu schauen, und diesen Wunsch will er sich jetzt erfüllen. Dann wäre da Greg. Greg ist Gynäkologe, lebt in Kalifornien und ist begeisterter

Alan vor seinem ersten Tauchgang im Haikäfig.

Sporttaucher. Er hat eine Videokamera dabei und ein Fotogehäuse. Die Videokamera habe er von seiner Frau für diese Tour geschenkt bekommen, damit er für sie ein paar Filme mit dem Weißen Hai belichten könne, erzählt er mit einem solchen Lausbubengrinsen, daß wir uns nicht ganz sicher sind, ob wir ihm die Story abnehmen können. Mike kommt aus Indianapolis. Er versichert uns, daß er dort auch anderes als Autorennen gibt. Mike spricht perfekt deutsch, seine Eltern stammen aus Deutschland, und er erzählt uns, daß er in seiner Kindheit besser deutsch als englisch gesprochen habe. Mike ist Spezialist auf dem Gebiet der Gehirnchirurgie und mit 36 Jahren wohl einer der jüngsten Professoren auf diesem Gebiet. Mike fährt bereits zum zweiten Mal mit. Schon im letzten Jahr hat er an der Expedition teilgenommen. Warum er denn ein zweites Mal mitkomme, wollen wir wissen. Tja, er genieße es, hier an Bord für niemanden erreichbar zu sein. Hier gäbe es kein Telefon kein Fax, einfach niemanden, der ihn stören könnte. Und da sei dann noch der Hai. Dieses Tier, meint Mike, übe seit damals eine derartige Faszination auf ihn aus, daß er das Verlangen habe, dieses Abenteuer noch einmal zu erleben. Durch Zufall bekam er einen Platz und ist nun hier mit uns an Bord.

Auch Brent ist schon das zweite Mal dabei. Er ist ein fanatischer Filmer, und sein Motiv, diese Fahrt noch einmal zu unternehmen, ist, noch bessere Filmszenen zu drehen. Bei seiner letzten Begegnung mit dem Weißen Hai konnte er zwar gute Szenen aufnehmen, doch die Vielfalt, die einen guten Film ausmacht, habe er damals nicht vollständig zusammenbekommen. Brent hat seinen letzten Video dabei, und wir brennen natürlich alle darauf einen ersten Vorgeschmack zu erhalten.

Carl unternimmt diese Tour zum zwölften Mal. Ja, wir haben uns nicht verhört, zwölfmal sei er schon beim Weißen Hai gewesen. Er versichert uns, daß es nichts Einmaligeres auf der Welt gäbe, als diesem fantastischen Tier in die Augen zu blicken der entscheidende Grund für ihn, jede seiner Haiexpeditionen persönlich zu begleiten. Carl hat schon viele Bücher veröffentlicht und gilt als sehr guter Unterwasser-Fotograf. Dann wären da noch wir: Renate & Klaus, Rodney versichert uns, daß wir die ersten Deutschen seien, die er hier an Bord habe, und Renate sei die zwölfte Frau, die in einen Haikäfig steige.

Mateo, unser Kapitän, lebt seit 30 Jahren in Australien. Er stammt aus Jugoslawien, aber mittlerweile ist Australien für ihn zu seiner Heimat geworden, hier hat er seine Familie, sein Zuhause und sein Schiff, die »NENAD«. Rodney meinte, er liebe sein Boot mehr als alles andere auf der Welt. Auch Mateo war wie Carl bei jeder Haiexpedition dabei. Er dürfte neben Rodney zu den Menschen zählen, die diese Tiere am besten kennen. Bob muß ein ausgezeichnet Angler sein. Mateo erklärt, wenn er nur die Angel anschaue, hingen schon zwei Fische dran. Nun, warten wir es ab. Andrew, Rodneys Sohn, wird das Füttern der Haie übernehmen. Er ist das Idealbild von einem Australier: groß, breite Schultern, Muskeln, als würde er sich jeden Tag in einem Fitness-Studio austoben, dazu braungebrannt, immer ein Lachen auf den Lippen. Ein toller Kerl, der uns in den kommenden Tagen noch viel mit seinem Können unterstützen wird. Seine Freundin Silvia hat in der Zwischenzeit ein leckeres Abendbrot hergezaubert. Wir machen es uns in der Kombüse bequem. Andrew erzählt uns von seiner Arbeit und seinem Studium der Meeresbiologie. Es fasziniere ihn alles, was mit Wasser und den darin lebenden Tiere zu tun habe. Das Essen schmeckt hervorragend. Es gibt Gulasch mit Reis, Salat und als Nachtisch Apfelkuchen mit Vanilleeis.

Rodney berichtet uns von den vorherigen Expeditionen. Er meint, wir müßten sehr, sehr viel Geduld aufbringen, ehe wir einen Weißen Hai zu Gesicht bekommen. Es könne Tage, gelegentlich sogar Wochen dauern, bis der erste Hai ans Boot käme. Auf zwei Expeditionen wurden überhaupt keine Haie gesehen. Nicht gerade aufmunternd. Rodney versichert uns, für das oft studenlange Warten im Haikäfig bedürfe es viel geistiger und körperlicher Ausdauer, und die Belohnung bestehe vielleicht nur aus einem flüchtigen Augenblick der Begegnung mit dem Weißen Hai. Dennoch sind wir alle überzeugt, daß wir unsere Weißen Haie sehen werden. Brent wird uns nun einen kleinen Vorgeschmack auf das geben, was uns erwartet. Sein Film dauert eine halbe Stunde, und wir sind restlos begeistert. Was will er denn da noch besser machen? Tja, die Ansprüche wachsen, das haben wir bei unseren eigenen Produktionen im Multivisionsbereich auch schon bemerkt. Ziemlich müde und leicht seekrank gehen wir in unsere Kojen. Wir haben die Viererkabine. Alexandra will unbedingt oben schlafen, uns soll es recht seien. Mike ist noch bei uns, und er ist froh, daß er unten schlafen kann, denn er hat im Moment ziemlich mit seinem Magen zu kämpfen. Das wird morgen vorbei sein, versichert er uns, spätestens, wenn der erste Hai um das Boot zieht. Während die »NENAD« von Mateo durch das Dunkel der Nacht zu ihrem ersten Ziel gesteuert wird, schlafen wir dem nächsten Tag entgegen, jeder mit seinen Hoffnungen und Träumen und dem gemeinsamen Wunsch, möglichst schon morgen den Weißen Hai zu sehen. Klaus und Alexandra schlafen bereits. Ich habe Probleme damit, denn meine Koje ist nicht ganz trocken. Die »NENAD« ist ein Holzschiff, und leider sind die Bullaugen nicht ganz dicht. Durch den starken Seegang dringt Wasser von oben herein, die Matraze und die Decke sind total durchnäßt. Ich versuche, Bob zu erklären, was los sei, aber er meint, im Moment, so lange das Boot fährt, könne er nichts machen. So ist das Leben, denke ich, krieche zu Alexandra hinein, deren Bett ganz trocken ist. Die Kojen sind gottseidank groß genug, so daß sie gar nichts bemerkt.

3. Tag Im Haikäfig

Am nächsten Morgen sitzen wir beim Frühstück. Es ist acht Uhr und wir lassen es ruhig angehen. Schließlich hat uns Rodney gestern abend versichert, daß es Tage dauern kann, bis sich der erste Weiße Hai sehen läßt. Es geht richtig gemütlich zu, ohne die übliche Hektik, die man sonst auf Tauchbooten erlebt. Auf üblichen Tauchtrips will jeder so schnell wie möglich ins Wasser kommen und möglichst etwas Besonderes erleben. Doch was man zu sehen bekommt, ist immer dem Zufall und dem Glück überlassen. Man kann sich als Taucher nicht ein Rudel Hammerhaie oder einen Mantarochen bestellen. Gerade diese Ungewißheit, die immer wieder neue Span-

Rodney tranchiert mundgerechte Happen
für die Weißen Haie.

Rodney wurde 1963 von einem Weißen Hai
schrecklich verletzt. Seit dieser Zeit bestimmt
dieses Tier das Leben von Rodney Fox.

45

46 Baby »Klaus« umkreist die »NENAD«.

nung machen das Tauchen so attraktiv. Wir auf der »NENAD« brauchen eine ganze Menge Glück und dazu Geduld. Ganz dem Zufall überlassen wir es natürlich nicht, ob die Weißen Haie kommen oder nicht. Mateo und Andrew sind schon kräftig dabei, Köder auszuwerfen. Über dem Bootsrand hängen zwei Kübel voll mit einer Mischung aus Blut und Thunfischöl. Der Gestank hält sich erstaunlicherweise in Grenzen. In den Kübeln sind Schöpfer, mit denen immer wieder eine Ladung ins Meer gekippt wird. Das Wasser färbt sich leicht rötlich, und tausende von kleinen Fischchen tummeln sich in der Soße. Nun ja, denen schmeckt es wenigstens. Wir gehen wieder an den Frühstückstisch zurück, aber runter bringen wir keinen Bissen. Da zerreißt ein Schrei die Luft. Es ist Mateo: »Shark, Shark«, brüllt er, »come on guys, Shark, Shark.« Wir schauen uns verdutzt an, rennen sofort nach draußen und starren wie gebannt ins Wasser. Und tatsächlich, da schwimmt er, ach was, er gleitet unglaublich elegant durch die Wellen. So einen Hai haben wir in unserem Leben noch nicht gesehen. Und es ist nicht irgendein Hai, nein, es ist tatsächlich der »Weiße Hai«. Schwarzgrün schimmert sein Rücken, die Finne schaut aus dem Wasser. Ich schreie: »Klaus, komm schnell, das ist unglaublich!« Mateo lacht, und ab sofort heißt dieser Weiße Hai »Klaus«.

Andrew meint, das sei ein Kleiner, ein Baby. Wir finden, drei Meter Länge ist ganz schon viel für ein Baby, werden aber gleich eines Besseren belehrt. Da kommt schon der nächste, ein Prachtkerl, mindestens fünf Meter lang. Rodney meint, wir hätten unglaubliches Glück. Auf seinen bisherigen Expeditionen habe er es lediglich dreimal erlebt, daß gleich am ersten Tag Haie am Boot auftauchen. Er vermutet, es läge daran, daß wir am gleichen Platz seien, wo er vor vier Tagen mit dem französischen Filmteam getaucht hat. Unsere Vorgänger mußten jedoch um einiges länger warten als wir. Wir hüpften vor Freude, die Kameras werden geholt, schnell ein paar Bilder schießen, wer weiß, wie lange die Haie noch da sind. Doch Rodney beruhigt uns, so lange wir ordentlich füttern, haben wir gute Chancen, sie am Boot zu halten. Der große Weiße Hai, aber auch Baby »Klaus« sind unermüdlich. Andrew wirft

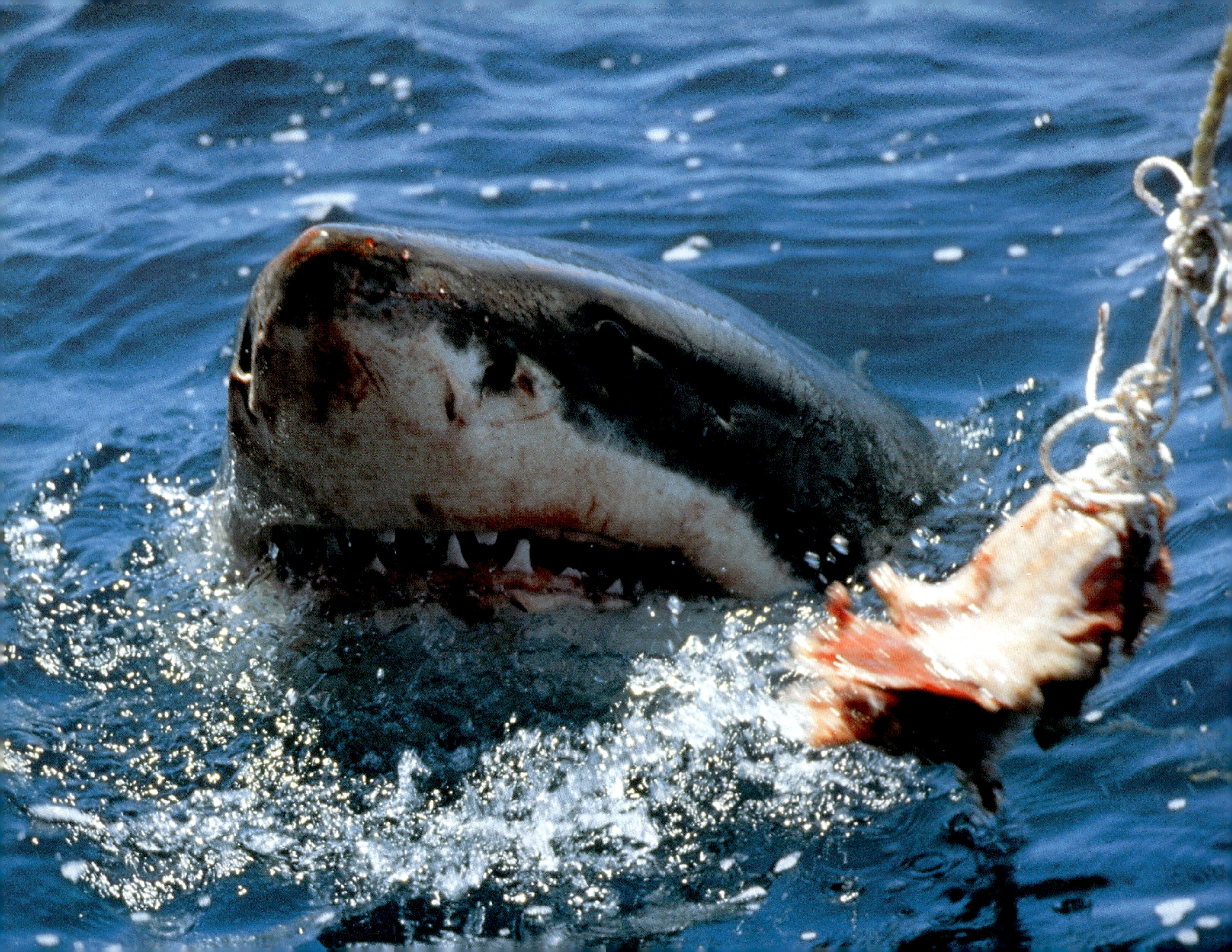

Wer weiß, ob es den Weißen Hai noch geben wird, wenn Alexandra selbst in den Käfig steigt.

Wer im Eßzimmer des Weißen Hais schwimmt,
fordert Attacken geradezu heraus.

50 Renate beim Überprüfen und Anlegen ihrer Tauchausrüstung.

Renate springt in den Haikäfig.

einen Thunfisch ins Wasser. Er ist an einer Leine angebunden und mit einem aufgeblasenen Luftballon versehen, damit der Fisch an der Wasseroberfläche schwimmt. »Klaus« umkreist den Köder ein-, zweimal, dann schnappt er zu. Andrew versucht, ihm den Köder vor der Nase wegzuziehen, aber »Klaus« ist schneller. Nur der Luftballon hängt noch an der Leine. Ein Wunder, daß er heil geblieben ist. Wir hängen alle über dem Bootsrand, und Bob meint, paßt nur auf, daß ihr nicht selber zum Köder werdet, wenn einer von euch ins Wasser fällt. Oh ja, wie recht er hat. Sollte hier jemand ins Wasser fallen, hätte das üble Folgen. Die Chance, den Haien zu entkommen, ist gering. Nie zuvor haben wir ein Tier gesehen, daß sich derart schnell bewegen kann und zugleich so groß ist. Die Schnelligkeit der Weißen Haien dürfte bei dieser Expedition eine der größten Gefahren sein. Die »NENAD« ist eine Art Schutzraum für uns, im Wasser dagegen bietet nur der Haikäfig ausreichend Sicherheit. Die Haie sind durch das Ködern und das Blut im Wasser sehr aggressiv und angriffslustig geworden. Alexandra steht dicht bei uns, der Anblick der Tiere ist für sie zwar etwas Tolles, aber richtig verstehen kann sie es mit ihren fünf Jahren noch nicht. Im Moment spielt sie lieber noch mit den Luftballons. Wer weiß, ob es den Weißen Hai noch geben wird, wenn sie einmal so alt ist, selbst in den Haikäfig zu steigen…

Wir kommen aus dem Staunen nicht mehr heraus. Nur langsam können wir uns von dem Anblick lösen. Bob und Andrew lassen mittlerweile die Haikäfige in das Wasser, ein Unternehmen, das sehr viel Geschick und Können voraussetzt. Für Alexandra ist es Zeit, das Deck zu verlassen. Die Käfig sind drei mal drei Meter groß. Wenn einer davon auf das Deck schlüge, weil die Winde reißt, hätte keiner von uns eine große Chance. Zwar ist noch nie etwas bei diesem Manöver passiert, aber man weiß ja nie. Ein dumpfer Knall, Wasser spritzt auf, und der erste Käfig hängt im Wasser. Die Haikäfige sind aus Aluminium, sie halten die stärksten Angriffe aus, versichert uns Rodney. Jetzt sehen wir die Schwimmer und die Einstiegsluke. Der große Weiße Hai und Baby »Klaus« schwimmen um den Käfig herum, jetzt erst wird uns bewußt, wie groß die beiden tatsächlich sind. Mit langen Stangen wird der Käfig an das Heck manövriert und dort mit zwei Sicherungsleinen befestigt. Rodney und Mateo sind emsig damit beschäftigt, unsere Haie mit Blutcocktails und Thunfischködern bei Laune zu halten. Jetzt heißt es für uns, die Unterwassergehäuse und die Kameras für ihren Einsatz herzurichten. Mike beschließt, heute nicht in den Käfig zu steigen. Seine Seekrankheit ist leider noch nicht vorüber, und er möchte daher lieber noch einen Tag warten. Greg und Brent nehmen ihre Videokameras mit. Auch Allan hat eine Kamera dabei. Er hat kein festes Gehäuse, sondern einen EWA-MARINE-Beutel, eine Art wasserdichten Plastiksack. Mit Abstand die meistgebrauchte Kamera an Bord ist die Nikonos. Wir haben drei Gehäuse dabei, auf jedem befindet sich ein anderes Objektiv. Am besten bewährt habe sich, laut Carl, das 15-mm-Objektiv von Nikon. Auch wir besitzen eines, dazu noch ein 20er und ein Superweitwinkel, ein Fisheye mit 16 mm Brennweite. Ein guter Freund in Deutschland hat dieses Fisheye-Objektiv entwickelt und gebaut. Wir haben schon viele positive Erfahrungen damit gemacht und hoffen, nun auch beim Weißen Hai gute Ergebnisse zu erzielen. Carl hat uns kleine rote Sporttaschen geschenkt. Mit einem Karabinerhaken versehen, eignen sie sich hervorragend als Fototasche für unter Wasser. Denn mit nur einer Nikonos gehen wir nicht in den Käfig, alle drei müssen mit, dazu noch unser Unterwassergehäuse, bestückt mit einem 100-mm-Makroobjektiv. Vielleicht können wir damit einem Weißen Hai fotografisch ins Auge schießen. Bevor wir in die Käfige steigen, sollten wir uns noch einmal kräftig stärken, meint Silvia. Sie hat eine köstliche Gemüsesuppe zubereitet. Diesem Angebot können wir nicht widerstehen und wärmen uns innerlich noch etwas mit Suppe auf. Das Wasser ist etwa 18 Grad Celsius kalt. Da können wir unsere sieben Millimeter dicken Neoprenanzüge gut gebrauchen. Der Umstand, daß man sich im Haikäfig kaum bewegen kann, dazu die meiste Zeit steht, wird uns auch nicht gerade zum Schwitzen bringen. Aber Greg meint grinsend, alleine der Anblick der Weißen Haie würde uns genügend einheizen. Oh Gott, ein Witz jagt den anderen, wir haben selten so viel gelacht wie an Bord der »NENAD«. Die Stimmung ist umwerfend. Silvia erzählt uns, sie habe schon an anderen Expeditionen teilgenommen, bei denen die Haie erst am siebten oder achten Tag gekommen seien und den Teilnehmern gar nicht zum Lachen zumute gewesen wäre. Die Suppe war gut, aber jetzt hat jeder das Gefühl, ins Wasser zu müssen. Die See ist nicht gerade spiegelglatt, aber die Wellen haben sich soweit beruhigt, daß ein Tauchgang im Haikäfig möglich ist. Bei rauher See und starken Wellen ist das Tauchen im Käfig zu gefährlich. Man wird dann derart herumgewirbelt, daß an Beobachten oder gar Fotografieren nicht zu denken ist. Rodney hat Unmengen von Bleigewichten an Bord. Und die brauchen wir auch. Ich allein mindestens 10 Kilogramm, schätzt Rodney. »Ihr habt keine Flossen an, ihr steht nur im Haikäfig, bedenkt das!«, warnt er uns. »Am besten macht ihr euch noch je ein Bleigewicht um die Knöchel oder stopft sie in die Füßlinge. Auf Tarrierweste oder Jacket könnt ihr verzichten. Eine normale Tragschale genügt, um die Tauchflaschen zu befestigen«. Rodney hat 10-Liter-Alu-Flaschen vorrätig, die wir bei einem Tauchgang in drei Meter Tiefe in zwei, drei Stunden nicht leeratmen können.

Ein Kompressor auf dem zweiten Deck steht bereit, um die Flaschen nach den Tauchgängen wieder aufzufüllen. Zwar scheint die Sonne, doch der Wind bläst uns eiskalt um die Ohren. Da ist es eine Wohltat, sich in die dicken Neopreanzüge zu zwängen.

Der erste Tauchgang im Haikäfig ist normalerweise eine Probe, ein Test für Taucher und Material. Heute ist es gleich eine Premiere vor Publikum, nämlich den Weißen Haien. Als erster ist Brent fertig; er schnappt seine Videokamera, setzt seine Tauchmaske auf und springt in den Haikäfig – gerade so, als würde er in seinem Leben nichts anderes machen. Bei uns dauert es etwas länger. Klaus ist noch nicht umgezogen und hält seine Leica in der Hand, er will mich beim Anziehen und Hineinspringen fotografieren. Mir wäre lieber, er würde gleich mit in den Käfig steigen, aber wir brauchen die Aufnahmen für unsere Multivisionsshow. Sebastian steigt mit mir in den Käfig. Dafür, daß er in seinem Leben noch nie getaucht hat, schlägt er sich wacker. Carl hilft ihm beim Herrichten seiner Tauchflasche, zeigt ihm das Montieren des Lungenautomaten und gibt ihm noch einige Tips mit auf den Weg. So, jetzt nur noch die Handschuhe einstecken, Flossen suchen, ach, die brauche ich ja gar nicht. In derartigen Situationen wird einem erst bewußt, wie sehr das Anziehritual in Fleisch und Blut übergegangen ist. Ich setze meine Maske auf und laufe an die Rückseite des Bootes. In der Ecke liegen die Thunfischköder, man muß aufpassen, um nicht auszurutschen. Die Käfige dümpeln auf und nieder. Bob steht mit einer Angel da und versucht sein Glück. Und tatsächlich, er muß nicht lange warten. Kaum ist die Leine im Wasser, hängen schon zwei Fische daran, Mateo hat wirklich nicht übertrieben.

Rodney steht hinter mir und hilft mir über die Brüstung. Zwei Leitersprossen erleichtern den Weg zur Plattform hinunter. Viel Platz hat man dort nicht gerade. Die Plattform ist nur einen Meter breit und vier Meter lang, dazu steht hier noch ein sperriger Korb mit Thunfischen. Da passiert es. Ein Weißer Hai schießt neben mir hoch, sein Körper ragt fast zur Hälfte aus dem Wasser. Er versucht, an einen der Köder heranzukommen. Ich halte mich krampfhaft an Andrew fest, der neben mir steht. Der Hai schüttelt sich, verfängt sich in der Sicherungsleine des Käfigs und knallt schließlich mit voller Wucht gegen unser Boot. Ich sehe die schwarzen Augen, das Maul weit aufgerissen, und habe das Gefühl, ihm bis in den Magen sehen zu können. Grinst der Bursche oder bilde ich mir das nur ein? Alles passiert rasend schnell. Klaus hängt über dem Bootsrand und fotografiert wie besessen. Der Film ist im Nu belichtet, und Klaus strahlt, während ich vor Angst nicht mehr weiß, ob das hier das Richtige für mich ist. Rodney klopft mir auf die Schulter und sagt: »o.K., Renate, er hat dich ja nicht angeknabbert, du hast noch einmal Glück gehabt.« Das Boot schwankt und schaukelt immer noch von der Attacke. Wen wundert's, so ein 5-Meter-Hai wiegt mindestens eine Tonne. Nichtsdestotrotz will ich jetzt »hinter Gitter«. Aber so einfach ist es gar nicht. Die Einstiegsluke wirkt auf mich plötzlich winzig, die Chance, danebenzuspringen, dagegen riesig groß. Der Anblick der beiden Haie, die unentwegt um die Käfig schwimmen, verunsichert mich zusätzlich. Ein aufmunterndes Lächeln von Rodney, die helfenden Hände von Andrew, ein letzter Blick

Zu groß ist die Versuchung.

auf Klaus, und ich springe. Der Sprung gelingt, erleichtert tauche ich noch einmal auf, gebe das okay-Zeichen und lasse mich absinken, direkt neben Brent. Das Wasser ist wirklich kalt, aber dafür herrlich klar. Ich schätze die Sicht auf mindestens 30 Meter. Die Sonne dringt durch die Wasseroberfläche und hunderte von kleinen Fischchen tummeln sich zwischen den ausgelegten Ködern.

Das erste Mal in einem Haikäfig, ein tolles Gefühl! In Augenhöhe ist das Gitter rundherum ausgespart, eine Art Fenster ohne die Sicht störende Stäbe. Das erleichtert das Fotografieren und Filmen ungemein. Meine Bleigewichte reichen gerade soeben. Beim nächsten Tauchgang werde ich mir noch einige mehr in die Füßlinge stecken. Im Käfig hüpft man herum wie ein Gummiball, es schaukelt hier drinnen wie in einer Waschmaschine. Ein Blick rundherum, wo sind die Haie? Sie waren doch die ganze Zeit über da, als wir oben waren. Auf der Plattform hätte mich fast einer gefressen, und nun hier unten gar nichts? Mittlerweile ist auch Klaus im Käfig. Er klinkt die Fototasche am Käfig ein, drückt mir eine Kamera in die Hand und holt sich selbst auch eine. Wir drehen uns um die eigene Achse, die Kameras schußbereit in den Händen. Voller Hoffnung blicken wir in das grünblaue Wasser und warten. Man glaubt es nicht, wir stehen zehn Minuten, 20 Minuten, jeder fragt, wo die Haie geblieben sind. Bis plötzlich ein Exemplar aus der Tiefe nach oben geschossen kommt. Ein grandioser Anblick, wir starren wie hypnotisiert auf den Hai. Er schwimmt direkt auf uns zu. An was erinnert er mich? Mit seinen Brustflossen balanciert er auf der Seite, dreht sich etwas, nimmt Maß, um dann millimetergenau an unserem Käfig vorbeizuschwimmen. Ich hab's: Er gleicht einem Jumbo-Jet im Landeanflug. Sein schwarzes Auge fixiert uns, er grinst uns mit seinen Sägezähnen an. Ich bin überzeugt, daß er das Pochen meines Herzens, daß Pulsieren meines Blutes spürt. Er hat sofort bemerkt, daß hinter diesen Stäben etwas Freßbares ist. Gierig umkreist er uns, gerade so, als überlege er, wie er den Käfig knacken könnte, um an die leckere Beute zu kommen. »Klaus«, unser Haibaby, ist auch da, und auf einmal sind es schon vier Weiße Haie, die uns umkreisen. Wir sehen den zweiten Haikäfig im Wasser tanzen. Greg

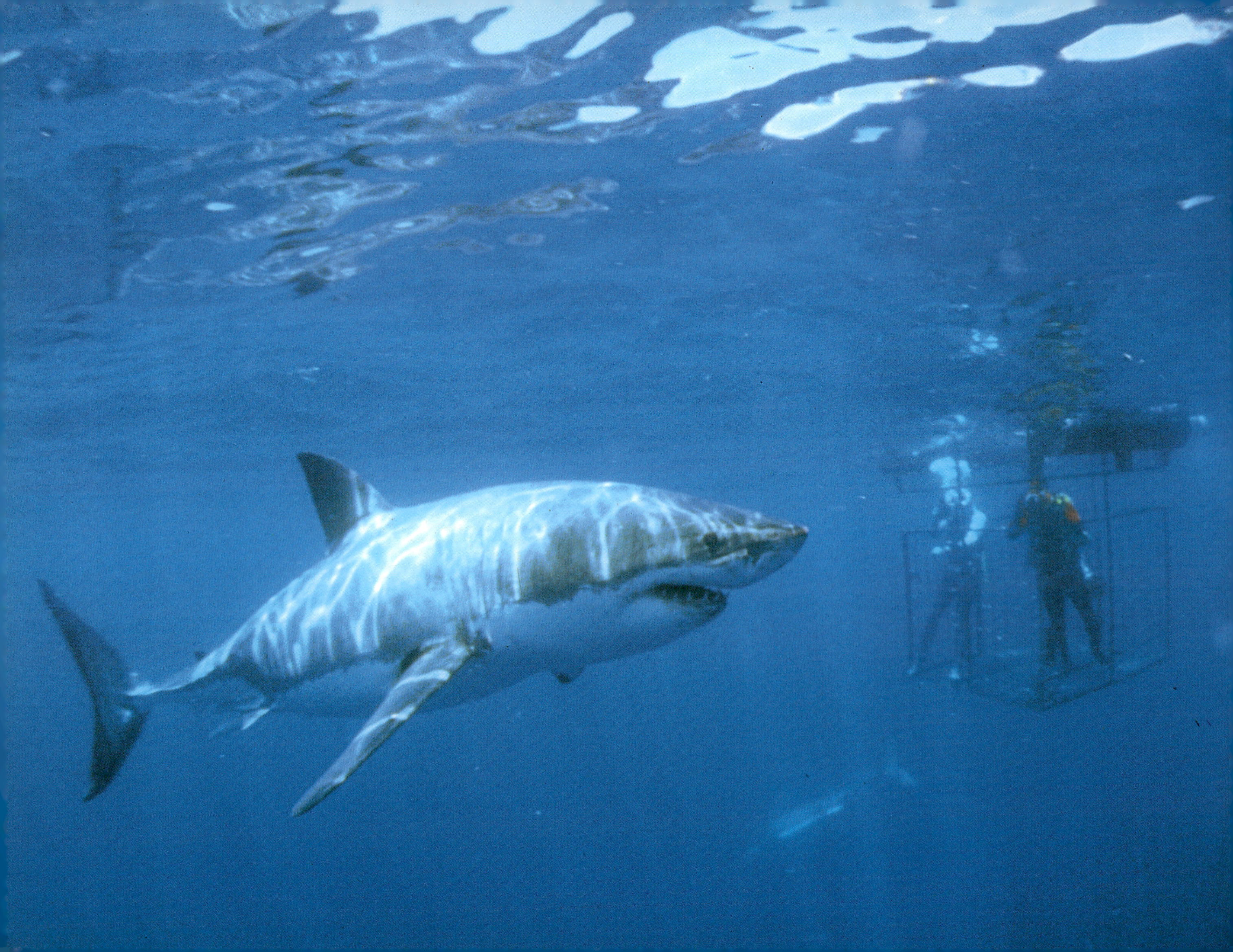

Jeden Tag umschwammen Weiße Haie die Käfige.

59

Wir sehen den zweiten Haikäfig.

60   **Solide Erkenntnisse über die Biologie des Weißen Hais sind rar.**

Seit dem Hollywood-Schocker »Der Weiße Hai« ist der Ruf der mörderischen Bestie vollends ruiniert.

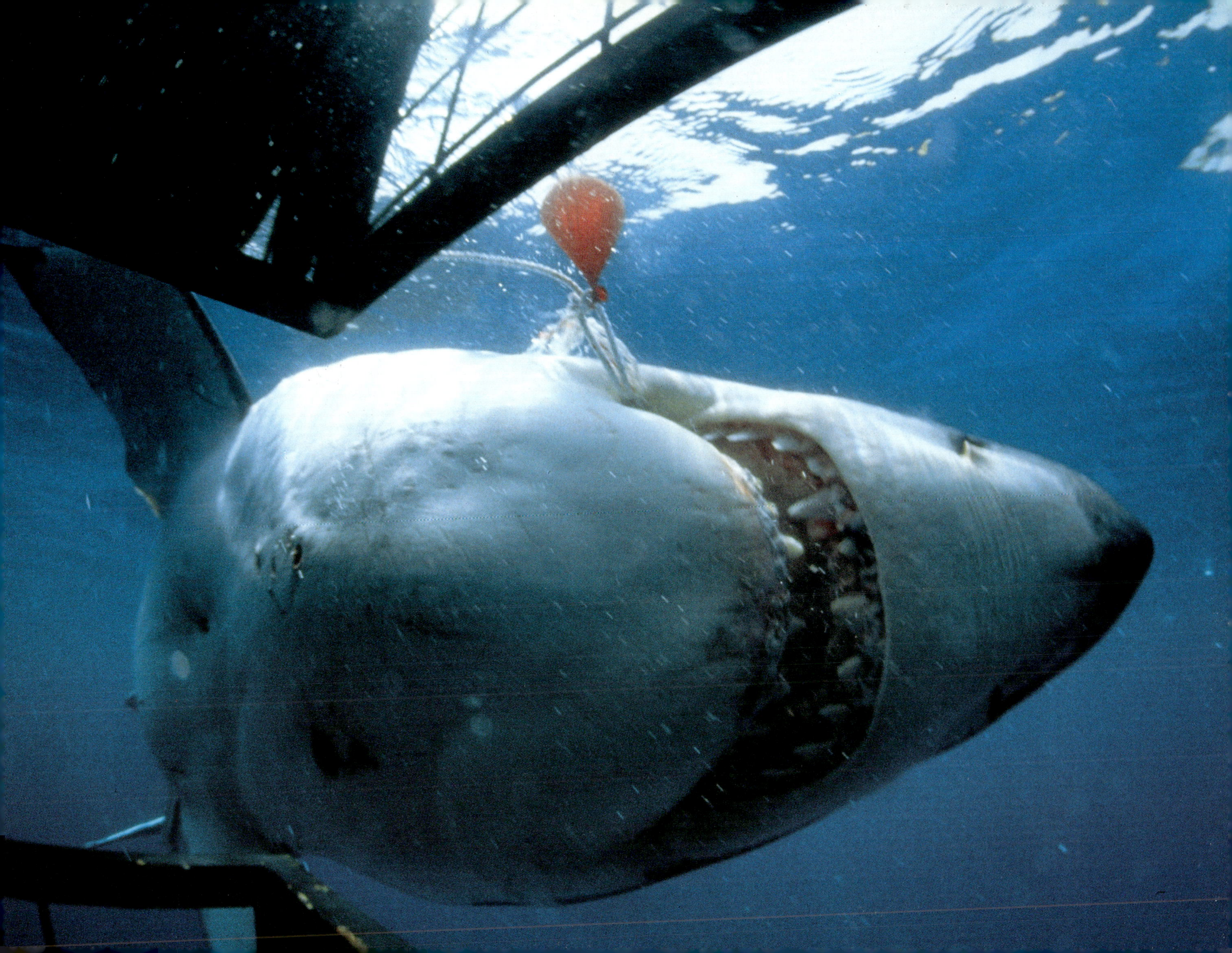

Verärgert versucht der Weiße Hai, die Sicherungsleinen unseres Käfigs durchzubeißen.

und Carl sind ganz aufgeregt, fuchteln wie wild mit den Armen. Ich winke fröhlich zurück und signalisiere mit Handzeichen, daß es mittlerweile vier Haie sind. Da scheppert es, wir schauen nach oben, direkt in das weit aufgerissene Maul eines Haies, ein Anblick, den ich mein ganzes Leben nicht vergessen werde. Der Hai hat sich einem Thunfischköder geschnappt, direkt am Fenster unseres Haikäfigs. Da knallt auch schon der nächste Hai mit voller Wucht gegen das Gitter und verbeißt sich in die Stäbe. Normalerweise müßte er sich die Zähne herausbrechen, denke ich, oder den Kiefer verrenken. Nichts dergleichen: Der Hai zieht sich zurück, umkreist den Käfig erneut, und im Nu hat auch er einen Thunfisch im Maul. Drei Stunden vergehen wie im Flug, die Filme sind voll. Wir beschließen, eine Pause zu machen, um neue Filme einzulegen und uns bei einer heißen Tasse Tee aufzuwärmen.

Blau gefroren und starr vor Kälte sind wir

Nach drei Stunden im Haikäfig – Klaus steht die Anstrengung ins Gesicht geschrieben.

zunächst unfähig, unsere Begeisterung auszudrücken. Später erzählt uns Rodney, an unseren strahlenden Augen habe er ablesen können, wie fasziniert wir waren.

4. Tag Begegnung mit dem großen Weißen Hai

Gestern sind wir noch zweimal in den Haikäfig gestiegen, und jedesmal war es ein Tauchgang der Superlative. Wir waren am Abend so erledigt, daß wir um 21 Uhr in unseren Kojen lagen. Die Sache hatte nur einen Haken: Dank des guten Wetters konnten wir zwar an unserem Platz vor Anker bleiben, doch um unsere Haie bei Laune und damit am Boot zu halten, müssen sie auch nachts etwas zu fressen bekommen. Das heißt, jeder muß eine Stunde Wache halten und füttern. Mich trifft die Nachtschicht um vier Uhr, Klaus muß eine Stunde nach mir raus. Erst dachten wir, Rodney will uns auf den Arm nehmen. Aber Mike und Brent versichern uns, das sei durchaus ernst gemeint. Als ich dann tatsächlich mitten in der Nacht an Deck der »NENAD« stehe, nicht allein, Klaus ist gentlemanlike mit mir aufgestanden, wird uns klar, wie herrlich es hier draußen ist. Der Himmel über uns ist sterneübersät, ab und zu hören wir das Schreien der Seelöwen, die sich auf der vor uns liegenden Insel befinden. Wir haben ein Fernglas und müssen beobachten, ob wir nicht gefährlich nah auf die Insel zutreiben. Immer wieder schöpfen wir etwas Blut ins Wasser. Die Haie lassen sich zwar nicht blicken, doch Rodney hat uns beim Wecken versichert, daß zwei noch immer am Boot seien. Es

Klaus beim Zubereiten von Haifutter morgens um 4.00 Uhr.

Der Weiße Hai ist einer der gefürchtetsten Räuber der Welt.

Wir entwickelten Respekt und Achtung für diesen Beutegreifer.

Brent und Sebastian »ziehen« sich zurück.

Er ist einfach ein grandioser Anblick...

... Sie gehören zur Familie der Makrelenhaie.

ist schon eine unheimliche, wenn nicht gar groteske Situation. Wenn mir vor ein paar Wochen jemand gesagt hätte, daß ich mitten in der Nacht auf einem Boot im südlichen Ozean stehe und Weiße Haie füttern würde, ich hätte es niemals geglaubt.

Die zwei Stunden Wache vergehen wie im Flug, ab und zu kommt auch Mateo, um nachzusehen, ob alles in Ordnung ist. Wir verstehen gar nicht, wann er schläft. Mateo liebt sein Boot über alles, und fast hat es den Anschein, als ob er unseren Beobachtungen in bezug auf das Abtriften nicht traue. Schließlich kriechen wir noch einmal in die Kojen, um fit zu sein für unser nächstes Abenteuer.

Die Haikäfige werden jeden Abend an Bord gehievt und morgens wieder ins Wasser hinabgelassen. Heute steigen wir mit Rodney zusammen in den Haikäfig. Obwohl er schon so viele Stunden im Haikäfig zugebracht hat, ist es auch für ihn immer wieder spannend. Rodney gesteht uns, so aggressiv und angriffslustig habe er die Haie auf seinen bisherigen Expeditionen noch nie erlebt. Oft seien sie nur bis auf zwei, drei Meter an den Käfig herangekommen, unsere Weißen Haie dagegen scheinen von einem geradezu magischen Drang besessen, an den Käfigstäben herumzuknabbern.

Die Kälte im Wasser macht uns inzwischen nicht mehr so viel aus. Wir haben uns daran gewöhnt, sogar auf die Handschuhe verzichten wir. Auch heute ist die Sicht traumhaft. Es wirkt alles unglaublich transparent, wir können sogar den Grund in 20 Meter Tiefe sehen. Überwachsen mit grünen Algen, bietet er einen guten Kontrast zum blauen Wasser. Wir entdecken zwei Weiße Haie, die tief unter uns schwimmen. Es sind dieselben wie gestern. Den einen nennen wir »Torpedo«, er hat eine knallrote Schnauze. »Torpedo« ist am verbissensten bemüht, zu uns in den Käfig zu kommen. Sein Kollege ist ein Prachtkerl von mindestens fünfeinhalb Metern Länge. Wir taufen ihn »Großmütterchen«, denn an der linken Seitenflosse hängt ein Rest von einem Fischernetz, in dem er sich einmal verfangen haben muß. Es wirkt wie ein Spitzenhäubchen. Für ihn war dieser Kontakt sicher sehr schmerzhaft. Unser kleines Hai-Baby »Klaus« ist auch wieder erschienen. Und dann schwimmt da noch einer mit ziemlich großen

Bißwunden an der Seite, vermutlich von Seelöwen, die sich gegen seinen Angriff gewehrt haben. Wir nennen ihn »Macky«. In großen, weiten Bögen umkreisen die Weißen Haie das Boot. Manchmal zu zweit, mal alleine oder auch in einer Dreierformation. Ein System ist nicht zu erkennen. Wir starren in das Wasser, doch von der einen Sekunde zur anderen sind alle Haie verschwunden. Ganz gleich, wohin wir schauen, sie sind weg. Plötzlich steht einer direkt vor dem Käfig. Ich ertappe mich bei dem Gedanken an eine Science-Fiction-Serie, in der sich Menschen und Gegenstände auflösen und an einem anderen Ort wieder auftauchen konnten. Diese Fähigkeit scheinen diese Haie ebenfalls zu besitzen. In vielen Fällen sehen wir sie zu spät, um gute Fotos schießen zu können. »Macky« kommt angerast, direkt auf einen Köder zu, der in kurzer Entfernung vor unserem Käfig hängt. Doch Andrew ist schneller, er zieht ihm den Köder vor der Schnauze weg. »Beleidigt« dreht »Macky« eine Runde und verschwindet wieder in der Tiefe. Das war's wohl, denken wir. Klaus holt gerade eine zweite Kamera aus der Tasche, als ein Hai mit seinem tonnenschweren Körper unseren Käfig rammt. Nur mühsam können wir unser Gleichgewicht halten, da geht es erst richtig los. Das Wasser schäumt. Wir sehen fast nichts mehr, außer daß der Hai die Sicherungsleine vom Käfig im Maul hat und genüßlich daran sägt. Was er will, wissen wir nicht. An seinen Bißwunden können wir deutlich »Macky« erkennen, vielleicht will er sich für den entgangenen Köder rächen. Aber weiß dieses Tier überhaupt, was Rache ist? »Macky« macht ungerührt weiter und rüttelt wie wahnsinnig. In unserem Käfig ist die Hölle los. Mit der freien Hand versucht Rodney, sich an den Stäben festzuhalten, doch »Mackys« rasiermesserscharfe Zähne lassen dieses Unterfangen zu einer heiklen Sache werden. Erst als »Macky« die Leine durchgebissen hat, sucht er das Weite. Wir können wieder durchatmen. Kaum haben wir uns wieder erholt, kommt der nächste Hai und beißt in die Gitterstäbe. Auch am zweiten Käfig herrscht das gleiche Schauspiel. Faszinierende Motive, wir fotografieren wie wild. Erst jetzt wissen wir den zweiten Käfig richtig zu schätzen. Nun ist unser Käfig wieder an der Reihe. Ein Hai schnappt sich einen Köder, der vor uns an der Wasser-

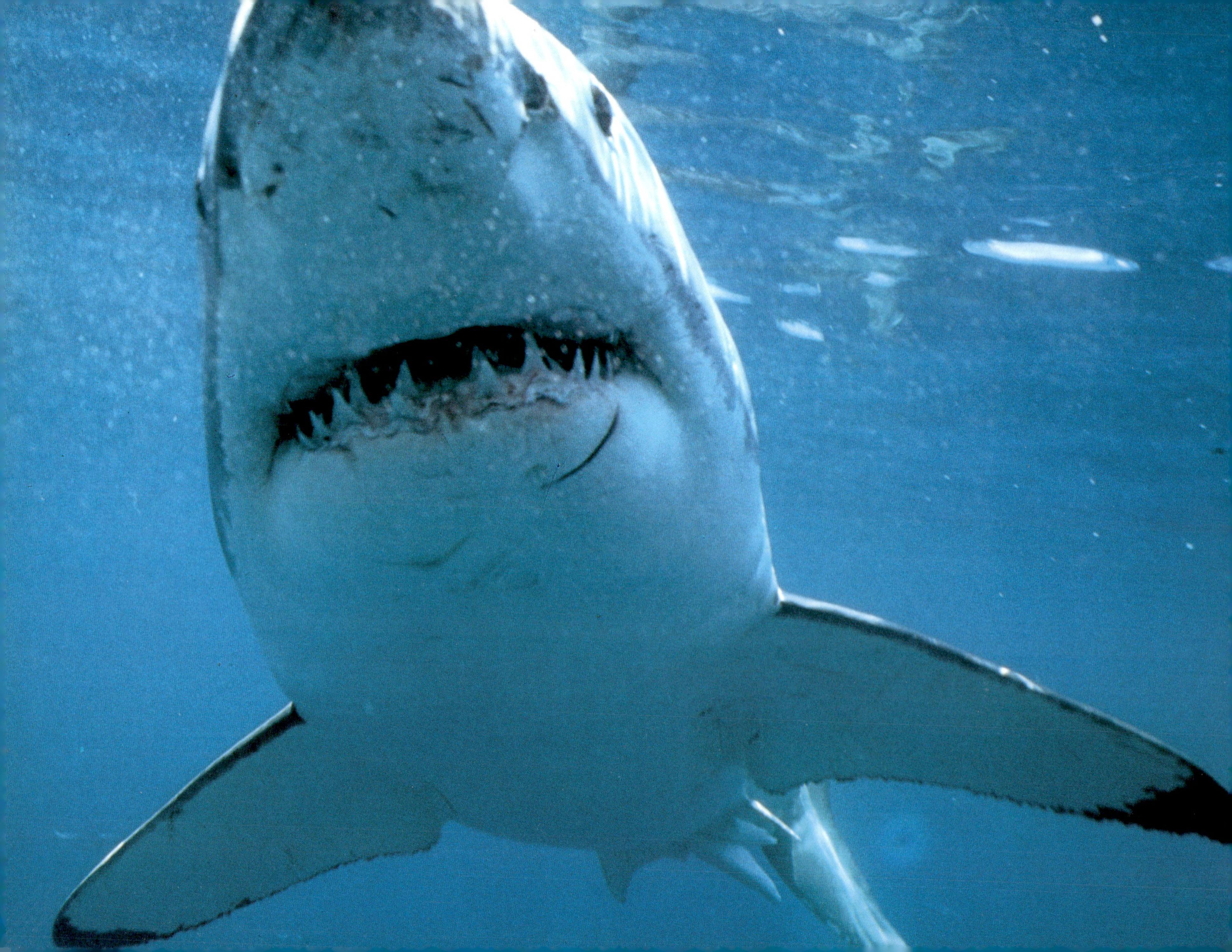

Zum Fotografieren sind zwei, maximal drei Taucher im Käfig.

73

Was seinen Freßtrieb steuert, ist weitgehend unbekannt.

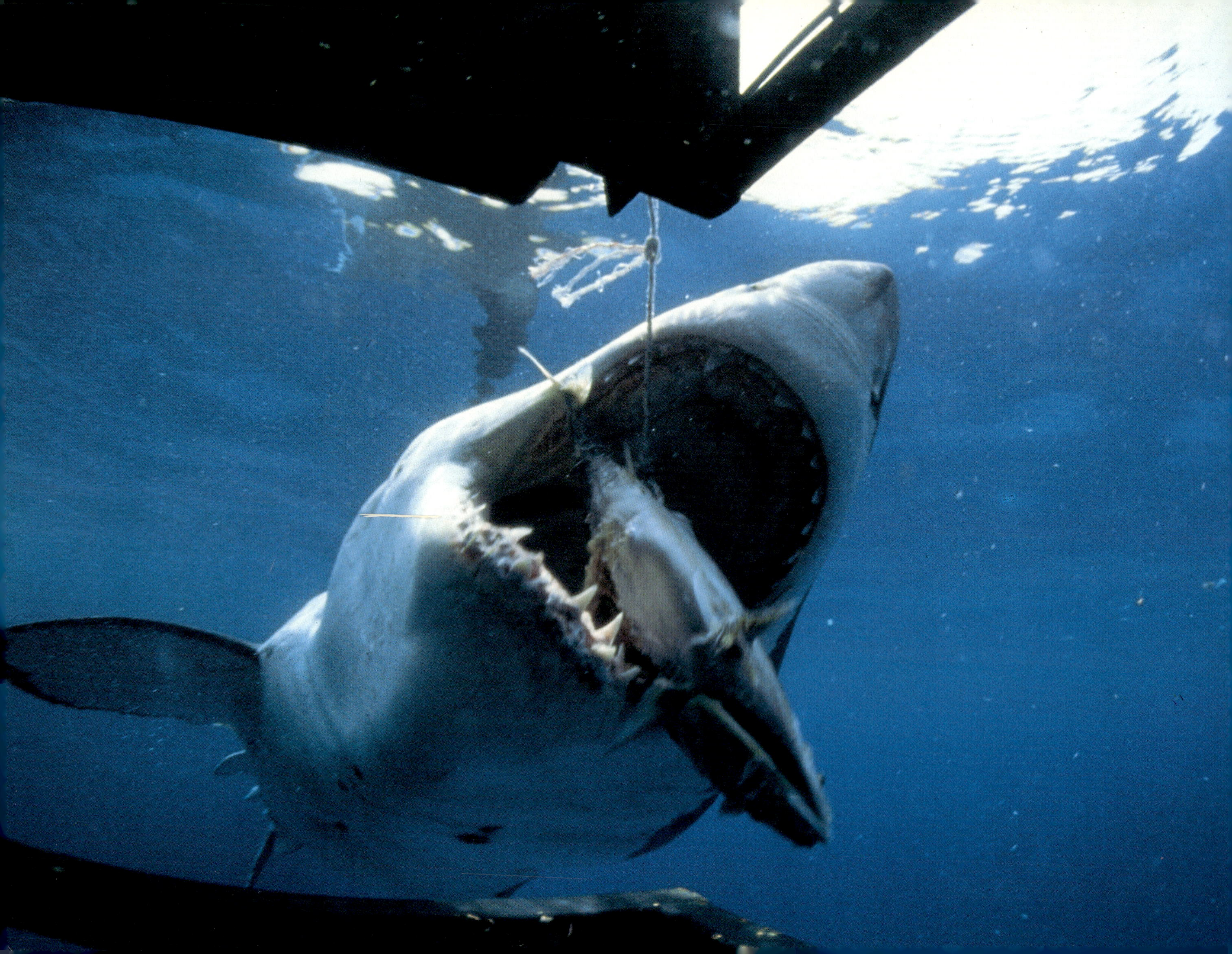

Oft nähern sie sich Tauchern, ohne anzugreifen.

75

Hat er sich einmal entschlossen zuzubeißen,
macht er vor nichts halt.

Von diesen Tieren geht eine unheimliche Kraft aus.

Kaum mehr als 250 Menschen haben ihn bisher in freiem Gewässer gesehen.

oberfläche schwimmt. Sein Maul ist weit aufgerissen und entblößt das fürchterliche Gebiß mit den dolchartigen Zähnen. Bei diesem Anblick wird uns klar, warum das Gebiß und der Rachen des Weißen Haies zu den gefürchtetsten Waffen im Tierreich gehören. Die Angriffsstrategie der Weißen Haie ist todsicher: anreißen, ausspucken und ausbluten lassen. Dann erst machen sie sich daran, ihre Beute aufzufressen. Einem Kampf gehen die Weißen Haie fast immer aus dem Wege. Sie sind sehr vorsichtig, vielleicht haben sie Angst, bei einer Attacke ihre lebenswichtige Sehkraft zu verlieren.

Eine halbe Stunde ist es ruhig. Vielleicht sind die Haie damit beschäftigt zu verdauen, oder sie haben einfach keine Lust, keinen Appetit auf Thunfisch. Wir haben beobachtet, daß sie ganz schön verärgert sein können, wenn ihnen ein Köder entgeht. In solchen Fällen schrecken sie auch von der »NENAD« nicht zurück. Sie versuchen, das Boot unter Wasser anzuknabbern oder gar die Schiffsschraube zu verspeisen. Die »NENAD« ist rot angemalt, und bei manchen der Haie haftet diese Farbe tatsächlich an den Zähnen. Zwei Stunden sind vergangen, als mich Rodney anstupst und nach vorn zeigt. Ich sehe nur blaues Wasser, aber Rodney ist ganz aufgeregt. Komisch, er muß einen besonderen Draht, eine besondere Verbindung zu diesen Tieren besitzen. Nach kurzer Zeit sehen auch wir den Hai. Er kommt uns ungeheuer groß vor. Den haben wir bisher noch nicht gesehen. Er ist wunderschön, ein Killer voller Kraft und Anmut, das Maul halb offen, mit großen, dunklen Augen, die uns ununterbrochen beobachten. Was hat er vor? Er schwimmt eine Runde, nähert sich langsam dem Köder, führt einen Scheinangriff durch und zieht sich wieder zurück. Eilig hat er es nicht gerade! Immer wieder umkreist er unseren Käfig wie eine Katze den heißen Brei. Die Vorstellung, jetzt keinen Käfig um sich herum zu haben, läßt mich erschauern. Von diesem Tier geht etwas Unheimliches aus, das uns erstarren läßt. Es ist, als schwebe der Tod persönlich an uns vorbei. Es ist diese Gewißheit, daß eine

Ihm wird weltweit von Trophäenjägern erbarmungslos nachgestellt.

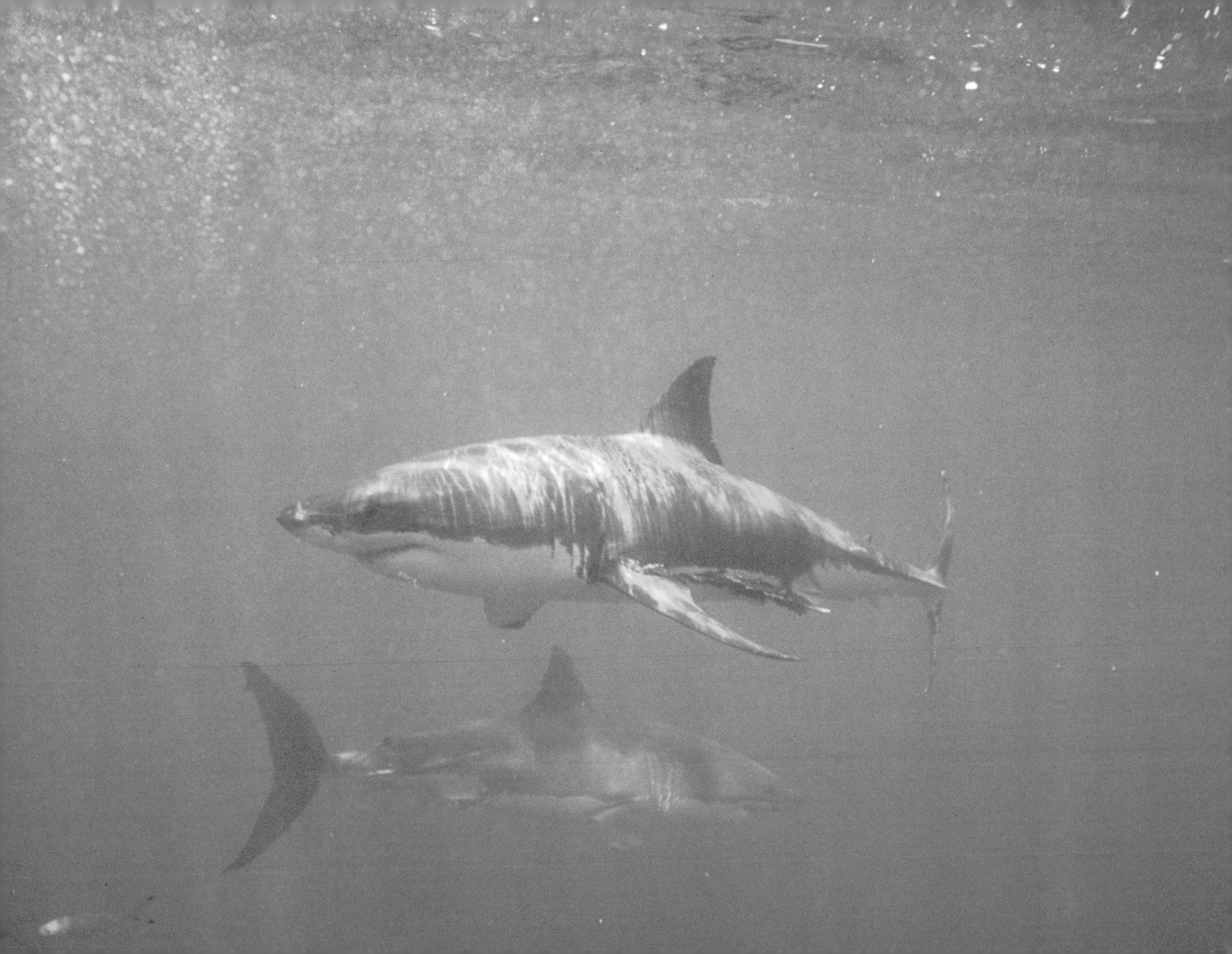

Sie sollen in ihrem Leben mehrere Zehntausend Zähne verschleißen.

Begegnung mit dem Weißen Hai so aussichtslos, so gnadenlos ist und meistens mit dem Tod endet, die die Furcht vor diesem Tier trotz des schützenden Käfigs aufrechterhält.

Der Weiße Hai zieht weiterhin unbeirrt seine Kreise, so nahe beim Käfig, daß wir ihn anfassen könnten. Er zieht sich zurück, nimmt Anlauf und stößt mit aller Kraft seine Schnauze durch das Fenster. Nur gut, daß die Fensteröffnung zu klein ist und der Hai sein Gebiß nicht einsetzen kann. Wir weichen zurück, so weit wie möglich, der Käfig schaukelt, endlich verschwindet er. Nach so viel Aktion sind die Filme voll. Ausgekühlt und erschöpft verlassen wir den Käfig. Ein Unterfangen, das nicht viel einfacher als das Einsteigen ist. Ich finde sogar, es ist gefährlicher. Man steigt auf die Stäbe, hält sich mit den Händen fest, ohne zu wissen, ob sich nicht gerade ein Hai am Käfig zu schaffen macht. Es ist auch schon vorgekommen, daß sich ein Hai mit voller Wucht auf die Käfige legte und dabei die Luke zudrückte. Wer in einem solchen Moment seine Finger dazwischen bekommt, wird um einen Gipsverband wohl nicht herumkommen. Die Gefahr, beim Ausstieg auszurutschen, ist ebenfalls nicht ohne, selbst wenn an Bord zwei Leute stehen, die einem helfen. Rodney erzählt uns die Geschichte, als sie Szenen für den Hollywood-Schocker »Der Weiße Hai« gedreht haben. Da passierte es, daß der Stuntman in den Haikäfig wollte. Ron Taylor, der Kameramann, war bereits in

Der Sprung in den Käfig ist »geglückt«.

einem zweiten Haikäfig. Der Stuntman zögerte zu lange, und noch ehe er in den Käfig einsteigen konnte, war ihm blitzschnell ein Hai zuvorgekommen. Eine gefährliche Situation! Der Hai riß ein Kabel ab und nahm ein Stück von der Bootswand mit, bevor er sich aus dem Käfig herauswand. Ein Erlebnis, daß wohl niemand vergessen dürfte, der damals dabeigewesen ist.

5. Tag Tauchen am Dangerous Reef

Die genaue Position der Inseln, an denen Weiße Haie vorkommen und sich anködern lassen, möchten wir nicht angeben, denn der Bestand dieser Tiere ist ohnehin schon massiv von uns Menschen bedroht. Rodney meint, es seien in seinem Leben bei weitem mehr Weiße Haie von Menschen getötet worden als umgekehrt. Das Problem ist: Niemand weiß, wie viele Weiße Haie es gibt und ob ihre Bestände akut gefährdet sind. Am bekanntesten im Zusammenhang mit dem Weißen Hai ist sicherlich das Dangerous Reef, das vor Port Lincoln liegt. Dort wurde auch der Film »Jaws« (Der Weiße Hai) gedreht. An diesem Film hat Rodney maßgeblich mitgearbeitet, sich aber von den weiteren Folgen distanziert. Das Dangerous Reef heißt aber nicht der Weißen Haie wegen so, sondern weil es dort gefährliche Riffe gibt, die schon vielen Schiffen auf dem Weg nach Adelaide und Port Lincoln zum Verhängnis geworden sind. Erst seit einigen Jahren steht dort ein Leuchtturm. Über Nacht hat Mateo die »NENAD« zu einem neuen Ankerplatz in der Nähe des Dangerous Reef gesteuert, da das Wetter umgeschlagen war und wir unseren alten Platz verlassen mußten. Bob ist der Ansicht, hier im Süden Australiens könne man drei Jahreszeiten an einem Tag erleben. Die See ist rauh, und die Crew zögert noch, die Käfige ins Wasser zu lassen. Haie sind noch keine am Boot, doch wir wollen wenigstens einmal hier am Dangerous Reef ins Wasser. Ohne Haikäfige ist das aber nicht ratsam. Gegen mittag beruhigt sich das Wetter, und wir starten einen Versuch. Das Wasser ist grünlich, und wir schweben vielleicht zehn Meter über dem Grund. Viele Schiffe sind hier in der Umgebung im Lauf der

Das Herablassen des Haikäfigs ist eine aufregende Sache.

Andrew hält den Käfig nahe am Boot, um uns ein sicheres Hineinspringen zu ermöglichen.

Zeit gesunken. Wie viele Menschen wohl dabei ihr Leben verloren haben? In Port Lincoln werden Tagestouren zum Dangerous Reef angeboten. Man wirbt damit, daß es hier Weiße Haie gäbe. Wir sehen keinen einzigen, auch die Ausflügler aus Port Lincoln nicht. Es dürfte ein schlechter Werbegag sein. Wir suchen uns schließlich einen neuen Ankerplatz. Mateo verspricht uns, sobald das Wetter umschlage, würde er uns zu unserem alten Platz zurückbringen. An diesem Abend veranstalten wir ein Barbecue, denn auf der sonst eher spartanischen »NENAD« gibt es einen riesigen Grill. Silvia hat die von Bob gefangenen Langusten vorbereitet, dazu gibt es gewaltige Mengen Garnelen. Leider mag ich keinen Fisch und stürze mich daher auf Würstchen und Steaks. Im Schein der untergehenden Sonne sitzen wir beieinander, glücklich über das, was wir gemeinsam erlebt haben. Jeder spricht über seine Empfindungen! Wir merken, daß jeder so ziemlich das gleiche denkt: Dieses Geschöpf, der Weiße Hai, ist eines der faszinierendsten Lebewesen der Unterwasserwelt.

6. Tag Dem Großen Hai ins Auge geschaut

Heute sind wir alle spät aus der Koje gekrochen. Das Barbecue gestern abend hat etwas länger gedauert als erwartet. Die »NENAD« liegt wieder an unserem alten Platz vor Anker. Andrew und Mateo legen emsig Köder aus. Tatsächlich haben sie nach einer Stunde den ersten Weißen Hai am Boot. Wir erkennen ihn, es ist »Torpedo«. Heute leuchtet seine Schnauze noch roter als sonst. Leider ist die See immer noch sehr rauh. Rodney meint, wenn wir jetzt in den Käfig stiegen, würden wir uns wie in einer Waschmaschine während des Schleuderganges fühlen. Aber er hat eine andere Idee: Der Weiße Hai sei der einzige Fisch, der seinen Kopf aus dem Wasser hebt, um an Beute zu kommen. Warum er das macht, weiß bis heute niemand. Man vermutet, daß er auf diese Art auch die weißen Robben, seine Lieblingsspeise, vom Felsen scheucht. Flüchten die Tiere beim Anblick des sich aus dem Wasser herauskatapultierenden Hais ins Wasser, kann er sie bequem erbeuten. Wir haben an Bord schon öfter beobachtet, wie Weiße Haie aus dem Wasser schießen und über der Wasseroberfläche in einen Reifen oder gar in den Käfig beißen. Um diese Aktion besser fotografieren zu können, bereitet Rodney einen seiner Spezialcocktails zu. Das macht viel Arbeit, Dreck und stinkt fürchterlich. Als erstes nimmt er einen Brocken Thunfisch, der lange im Fischöl gelegen hat. Dann wird das Ganze in ein Tuch gewickelt, an einem langen Strick festgebunden und mit einer Seilwinde über den Bootsrand gehängt. Der Fischsack hüpft dann wie ein Ball auf den

Angelockt durch einen Thunfisch-Köder schießt er durch die Wasseroberfläche.

Um Beute besser fassen zu können, dreht er sich beim Angriff auf den Rücken.

Wellen. Geduldig stehen wir an Bord, die Kameras in der Hand, während uns eine eiskalte Brise um die Nase weht. Kaum zu glauben, daß hier Sommer sein soll. Wir müssen eine Stunde warten, bis der erste Hai sich für den Leckerbissen interessiert.

Da versucht es einer, wagt sich ganz nah an den Köder heran. Heftig schlägt er um sich, zerbeißt das Seil und schnappt sich den Köder. Das Wasser brodelt, ein kräftiger Schlag mit seinem Schwanz, und der Weiße Hai ist mitsamt der Beute verschwunden. Ein tolles Schauspiel, voller Kraft und Tatdrang. Keine Frage, auch über Wasser sind diese Haie ein grandioser Anblick! Um Beute besser fassen zu können, dreht sich der Weiße Hai bei seinem Angriff auf den Rücken. Dabei sieht man ganz deutlich seinen schneeweißen Bauch. Schon früher hatten Walfänger mit Weißen Haien hautnahen Kontakt. War ein Wal harpuniert worden, dauerte es nicht lange, und die Haie kamen, um ihren Teil der Beute abzubeißen. Die Walfänger sahen dabei die weißen Bäuche der Haie und nannten sie »der weiße Tod«, woraus vermutlich der Name »Weißer Hai« abgeleitet wurde. Wieder wird ein Köder ins Wasser gelassen. Ich stehe neben Mike, dem etwas ganz Dummes passiert ist: Seine Videokamera ist auf den Boden gefallen, nichts funktioniert mehr. Er ist den Tränen nahe, doch Brent beruhigt ihn und verspricht, den Schaden später zu prüfen. Allan steht auf dem zweiten Deck. Dort oben ist es zwar kälter, dafür die Sicht besser. Klaus und ich beschließen, ebenfalls nach oben zu gehen. Wieder ist der Hai zunächst vorsichtig, um dann blitzschnell einen neuen Angriff zu starten. Es sieht furchterregend aus. Durch das Objektiv der Kamera sehe ich genau in seine Augen: Sie sind groß und flach. Schon unter Wasser hatten wir das Gefühl, daß diese Augen uns ständig anstarren.

Wenn der Hai in den Köder beißt, zieht er zum Schutz die Nickhäute über seine Augen. Vor allem, wenn Beutetiere sich wehren und wild um sich schlagen, könnten die empfindlichen Sehorgane verletzt werden. Wir haben häufig gesehen, wie der Weiße Hai ins Leere schnappte, wenn ihm der Köder weggezogen wurde; die Nickhaut schützt zwar die Augen, macht den Hai aber für kurze Zeit blind. Dieser Augenblick dürfte für seine Beuteobjekte

Der Rachen des Weißen Haies gehört zu den fürchterlichsten Waffen im Tierreich.

Auch vor einem Auto- reifen machen sie nicht halt.

der Moment sein, sich in Sicherheit zu bringen.

Um einige gute Bilder von dem sich aus dem Wasser hebenden und in den Köder beißenden Weißen Hai zu schießen, stehen wir bei eisigem Wind fünf Stunden an Deck der Nenad. In der Kombüse wärmen wir uns anschließend wieder auf. Brent und Mike basteln an der ramponierten Videokamera herum. Vergebens! Mike wird sich in der restlichen Expeditionszeit auf die Erstellung von Dias beschränken müssen. Das Wetter hat sich leider nicht gebessert, zum Tauchen im Haikäfig wird es heute nicht mehr kommen. Sebastian und Greg versuchen sich im Tontaubenschießen, eine beliebte Abwechslung auf den Tauchbooten in ganz Australien. Der Tag geht zu Ende, und wir hoffen, morgen wieder im Haikäfig stehen zu können.

7. Tag Sieben große Weiße Haie am Boot

Das ist unser Tag! Das Wetter ist einfach traumhaft: Strahlend blau der Himmel, die Sonne scheint intensiver denn je, die See spiegelglatt – und die Haie sind auch da. Wir können es kaum erwarten, bis die Käfige im Wasser sind. Das Anziehen geht rasch vonstatten, die Kameras sind einsatzbereit, das Einsteigen in den Käfig klappt hervorragend. Wenn das kein Super-Tauchgang wird! Andrew gibt uns noch einige Thunfischbrocken mit in den Käfig. Das Wasser ist kalt wie immer, die Sicht fantastisch, und da kommt auch schon, ohne jede Ankündigung, der erste Hai: Wir erkennen ihn wieder, es ist »Großmütterchen« mit den Resten eines Fischernetzes an der Seitenflosse. Sie ist direkt unter uns. Was macht sie da? Will sie mit dem gesamten Käfig auftauchen? Tatsächlich verpaßt sie uns einige ordentliche Schläge, unser Käfig gerät ins Schlingern, und wir können uns nur mühsam auf den Beinen halten. In der nächsten Stunde kreist der Hai unzählige Male um unseren Käfig herum, doch nichts passiert.

Wir legen mehrere Köder aus und warten. Gewohnt unerwartet und wie aus dem Nichts auftauchend, rast plötzlich ein Hai auf uns zu, reißt seinen Rachen blitzschnell auf und schnappt zu. Wir haben den Eindruck, das mahlende Geräusch seiner scharfen Zähne hören zu können. Zwei weitere Haie gesellen sich hinzu, auch Baby »Klaus« ist wieder dabei. Und jetzt sind es schon fünf Haie, die um uns herum ihre Bahnen ziehen. Etwas spannenderes dürfte es wohl kaum geben. Oben müssen sie einen ganzen Kübel Blutcocktail ins Wasser gegossen haben. Wir sehen nichts mehr. Das Wasser um uns herum ist eine undurchsichtige rote Brühe. Mir wird schlecht. Am liebsten würde ich mich übergeben. Ich setze mich auf den Boden des Haikäfigs, denn dort ist es noch einigermaßen klar, und warte, bis sich die Blutsuppe etwas verzogen hat. Unter unserem Haikäfig schwimmen zwei riesengroße Haie, die Größten, die wir bis heute zu Gesicht bekommen haben. Der Grund kommt näher. Das kann nur bedeuten, daß das Boot in Richtung Küste treibt. Schwarze Schatten zeichnen sich vom Grund her ab. Ich stupse Klaus an. Jetzt begreifen wir, was dort ist: Rochen, mit einer Spannweite von mindestens vier Metern. Erst sehen wir nur zwei, dann kommen vier angeschwommen und über ihnen gleiten die Weißen Haie. Alles so nahe, daß wir die Hand nach ihnen ausstrecken könnten. Die Schönheit, Anmut und Eleganz der Rochen zusammen mit der ungestümen Kraft der Weißen Haie – ein Anblick, den wir so bald nicht wieder zu Gesicht bekommen werden. Wir zählen die Haie um uns herum, es sind inzwischen sieben. Sieben! Das Wasser gleicht einem Tollhaus. Ganz gleich, wohin wir schauen, in jeder Ecke ist was los. Die Crew kommt mit dem Ködern gar nicht nach. Ständig sind ein oder zwei Haie am Käfig, über uns, unter und hinter uns. So aggressiv wie heute waren sie noch nie. Sie beißen in alles, was ihnen in den Weg kommt. Klaus steigt aus dem Käfig, um die Kamera nachzuladen. Wir sind nah beim Boot, da kommt ein 5-Meter-Hai direkt auf uns zu. Er rammt mit voller Kraft das Boot, der Käfig wird nach hinten gedrückt, und der Hai ist zwischen Käfig und Boot eingeklemmt. Er hat sich in der Sicherungsleine verfangen. Ein wilder Tanz beginnt. Mit seinem kräftigen Schwanz

Nur Millimeter trennen uns von seinem mächtigen Gebiß.

Selten waren die Weißen Haie so nahe am Käfig.

Köderblut färbt das Wasser rot.

Unsere Stahlkäfige bieten ausreichend Schutz gegen die Angriffe der Weißen Haie.

Renate gelingt es, einen Weißen Hai zu streicheln.

Dank seiner hydrodynamischen Erscheinung ist er für das ständige Schwimmen bestens ausgerüstet.

Was hat er nur vor?

Die »NENAD« im Schein der Abendsonne.

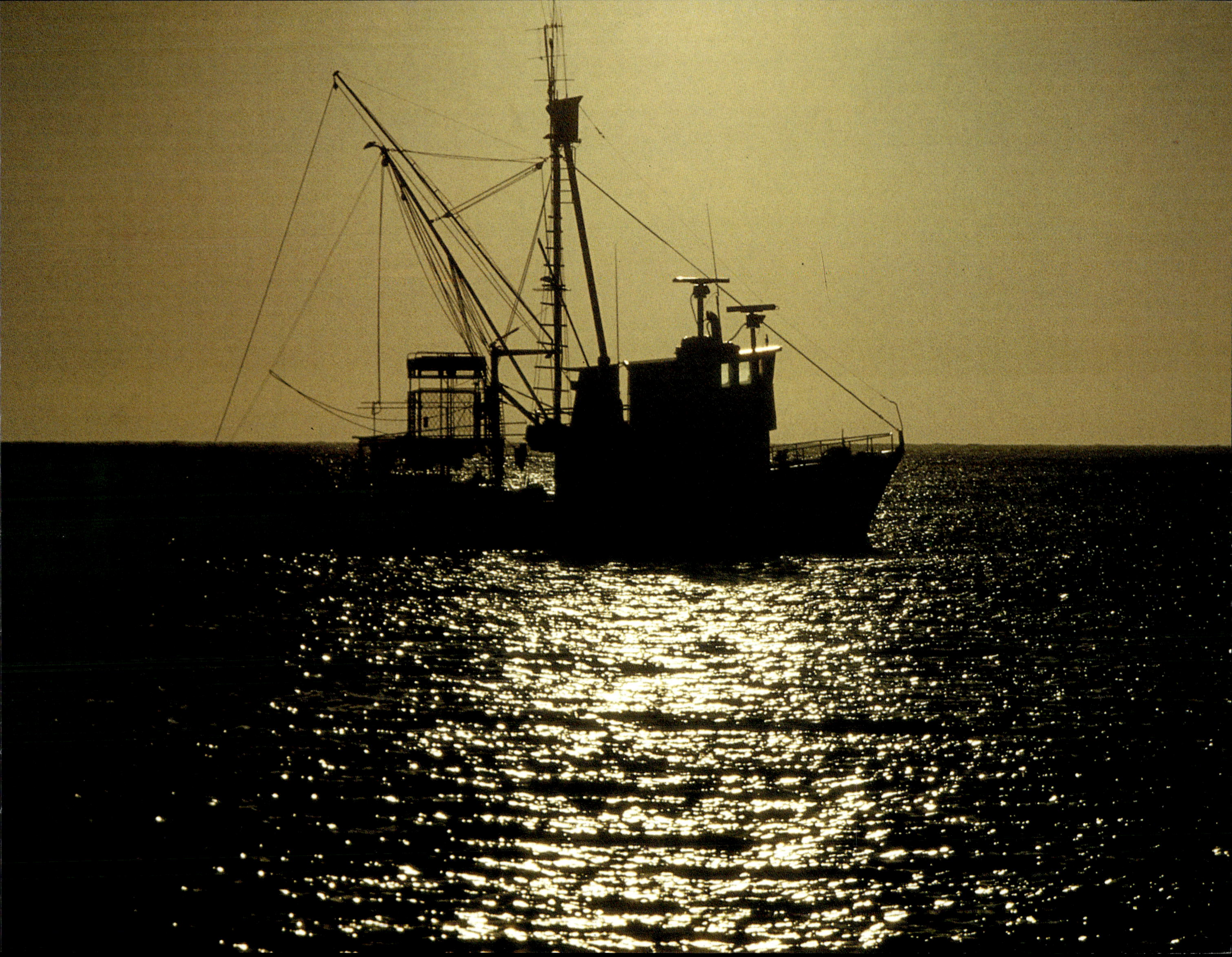

In Augenhöhe ist das Gitter rundherum ausgespart, um optimale Filmaufnahmen zu ermöglichen.

schlägt er wild um sich, das ist fast zu viel für meine Nerven. Ich weiß nicht mehr, wo oben und unten ist. Auf einmal wirkt dieser Käfig, in dem ich mich immer so sicher gefühlt habe, geradezu zerbrechlich. Doch endlich gelingt es dem Hai, sich loszureißen, und schnell macht er sich davon. Greg und Brent sind noch bei mir im Käfig, unsere Gesichtsbräune ist einer kalkweißen Farbe gewichen. Bevor wir wieder auf den Beinen sind, geht es schon wieder los.

Klaus kommt zurück zu uns in den Käfig, da rast der nächste Hai gegen das Boot. Seltsam, heute haben es alle auf die »NENAD« abgesehen. Der Hai stößt wie ein Torpedo senkrecht aus der Tiefe hervor und rammt sie mit voller Kraft. Dann knallt er mit seinem Kopf an unseren Käfig. Ich vermute, er wird heute von allen Weißen Haien die schlimmsten Kopfschmerzen haben. Wir hören seltsame Schläge. Was ist das? Greg zeigt nach oben. Tatsächlich ist es Mateo, er ist ganz aufgeregt. »Kommt endlich aus dem Käfig, wir driften immer mehr auf die Küste zu«, brüllt er, »wir müssen das Boot sofort verlegen«. Die Zeit ist wie im Flug vergangen. Vier Stunden

Die Stimmung ist fantastisch: Renate will so schnell wie möglich in den Haikäfig. Rodney hilft ihr dabei.

stehen wir heute schon im Käfig, ein Tauchgang, der besser nicht hätte sein können. Durch das Abtreiben haben wir uns mit den Käfigen ziemlich dicht dem Grund genähert, die Rochen sind immer noch da. Nur ungern lösen wir uns von diesem Anblick. Wir klettern schweren Herzens aus dem Haikäfig, die Sicherheit der »NENAD« geht natürlich vor.

Als ich an der Reihe bin und aussteige, strahle ich. Rodney ist fassungslos: »Mein Gott, Renate, ich habe noch nie eine Frau gesehen, die vier Stunden im Haikäfig stand und so strahlend aus dem Wasser kam, das muß schon etwas ganz Besonderes gewesen sein?« »Oh ja, Rodney, das war es«, entgegne ich, »ich bin dir unendlich dankbar!« Ich gebe ihm einen Kuß auf die Wange, drehe mich um und gehe unter die Dusche. Dieser Mann dürfte wohl verstehen, was ein solcher Tag für uns bedeutet. Allan zeigt uns seine »Beute«, einen abgebrochenen Zahn von einem Weißen Hai, den er doch tatsächlich im Käfig gefunden hat. Der Zahn ist an einem Stab auf dem Boden hängengeblieben, ein besonderes Andenken, um das wir ihn etwas beneiden.

8. Tag Freundschaft zwischen Mensch und Hai

Freundschaft unter Menschen ist etwas ganz Normales. Wir auf der »NENAD« sind in den letzten Tagen zu echten Freunden geworden. Wir haben das Gefühl, es gibt nur noch uns, die Haie und das Meer, auch wenn es sich etwas abgedroschen anhört. Dazu hat natürlich unser sagenhaftes Glück beigetragen. Am Anfang der Expedition war es unser einziger Wunsch, dem Weißen Hai wenigstens einmal in seinem Revier zu begegnen. Doch was wir die letzten Tage erlebt haben, ist unvergleichlich und übertrifft alle anfänglichen Erwartungen. Dennoch, für jeden gab es nicht nur Höhepunkte, sondern auch Tiefschläge, besonders was die Fotoausrüstung angeht: Die Videokamera von Mike ist nicht mehr zu reparieren, Sebastian tauchte mit einer Nikonos auf und meinte, der Auslöser funktioniere nicht mehr. Konnte er auch nicht, denn die Nikonos war bis oben hin mit Salzwasser vollgelaufen. Das 15er-Objektiv, immerhin 3000 Mark teuer, konnten wir noch retten, den Rest schenkten wir den Haien.

In derartigen Situationen hilft jeder jedem. Sind wir nicht zuletzt deshalb zu Freunden geworden? Doch auch zu den Weißen Haien hat sich eine positive Beziehung entwickelt. Vier Haie haben wir nahezu täglich am Boot gehabt. Wir haben allen Namen

Sind beide Haikäfige im Wasser, müssen zwei Leute der Besatzung Köder auswerfen und die Sicherungsleinen kontrollieren.

Rodney möchte »aussteigen«, was im Moment nicht möglich ist. Andrew hat dem Weißen Hai einen Köder vor der Nase weggeschnappt.

gegeben, haben versucht, sie anzufassen, ihnen oft in die Augen gesehen und immer wieder dasselbe empfunden: Respekt, Angst und Faszination zugleich. Oft haben wir uns die Frage gestellt: Sind das wirklich die bösartigen rachsüchtigen und blutgierigen Ungeheuer, als die sie in der Öffentlichkeit immer hingestellt werden? Nichts davon stimmt! Auf unserer Expedition wurden wir eines Besseren belehrt. Sicher, für Menschen sind Weiße Haie mit Abstand die gefährlichsten Raubtiere im Meer, aber äußerst würdevoll. Das Meer ist ihr Jagdrevier, und wenn der Mensch darin eindringt, vielleicht noch in einem schwarzen

Tauchanzug mit harpunierten Fischen am Bleigürtel, dann darf er sich nicht wundern, wenn er vom Weißen Hai als Beuteobjekt behandelt wird. Natürlich ist es möglich, daß wir Aggressionen wecken, wenn wir als Taucher mit einem Boot oder Haikäfig in ihr Revier eindringen. Wir haben auf unseren Tauchgängen des öfteren beobachtet, wie ein Hai zielgerichtet auf den Käfig oder die Schiffsschraube losschwamm, ohne sich um die leckeren Thunfischköder zu kümmern.

Bei diesen Attacken wollte er sicher nicht seinen Hunger stillen, sondern eher Eindringlinge vertreiben. Dennoch, bewiesen ist gar nichts, und auch unsere Erklärungen sind reine Spekulation. Viele Haie lassen sich von der Hand aus ködern, eine beliebte Methode, die im Roten Meer oder auf den Malediven angewandt wird. Beim Weißen Hai kann das verhängnisvoll werden. Valerie Taylor hat es während einer Expedition mit Rodney Fox einmal gewagt, von der Plattform aus einen Weißen Hai zu füttern. Aber selbst sie, die sehr viel Erfahrung mit Haien hat, meinte, das solle man lieber bleibenlassen. Es ist bis heute nicht gelungen, Weiße Haie in Gefangenschaft am Leben zu erhalten, zu ihnen eine Beziehung aufzubauen oder ihr Verhalten zu studieren. Ein Tier wie der Weiße Hai ist den Menschen im Wasser überlegen. Ohne Schutz hätten wir so gut wie keine Chance, eine Begegnung zu überleben. Nur wenige Menschen hatten bisher das Glück, eine Attacke des Wei-

Er ist in der Lage, seine Körpertemperatur 5 bis 11 Grad über der Umgebungstemperatur zu halten.

Genüßlich umkreist der Weiße Hai unseren Käfig, gerade so, als überlege er, wie er diesen knacken könne.

105

Ohne Haikäfig wäre diese Begegnung vermutlich tödlich!

Angriff oder Neugier?

107

ßen Haies unverletzt zu überstehen. Das Tückische ist sein Angriffsverhalten, denn es gelingt ihm, nahezu unbemerkt an sein Opfer heranzukommen. Das hat schon viele Speerfischer und Muscheltaucher das Leben gekostet. Zu sehr sind sie mit ihrer Arbeit beschäftigt, als daß sie einen Weißen Hai rechtzeitig bemerken und sich noch in Sicherheit bringen könnten. Freundschaft mit Weißen Haien, wie zwischen Mensch und Delphinen beispielsweise, wird es niemals geben. Der Weiße Hai ist eine perfekte Tötungsmaschine, zielstrebig und ohne Emotionen. Sich bei einer Begegnung mit ihm menschlichen Gefühlen hinzugeben, ist unangemessen. Doch eines sind wir ihm schuldig: Respekt und die Achtung für den Beutegreifer, der nach seinen eigenen Gesetzen lebt. Weiße Haie sind unberechenbar, ihre Handlungen ergeben für uns oft keinen Sinn. Wenn wir versuchen, alles mit unserer Logik zu erklären, stoßen wir beim Weißen Hai immer wieder an unsere Grenzen. Die Angst der Menschen, von einem Hai gejagt und gefressen zu werden, wird von aufgebauschten Schreckensberichten genährt; Erkenntnisse der Wissenschaft über seine Verhaltensweisen sind leider Mangelware. Dies alles hat mit dazu beigetragen, daß viele von ihnen gejagt und sinnlos abgeschlachtet wurden, oftmals nur des Profites wegen: um das als Jagdtrophäe begehrte Gebiß verkaufen zu können. Wir wissen nicht, welche Bedeutung der Weiße Hai im Ökosystem Meer einnimmt. Menschen haben nicht das Recht, diese Tiere abzuschlachten und womöglich auszurotten. Wir sollten alles daransetzen, die Weißen Haie zu schützen, ihren Lebensraum zu erhalten und ihnen die Freiheit einzuräumen, so zu leben, wie sie es schon seit Jahrmillionen tun.

Viele Stunden haben wir gemeinsam mit »unseren Weißen Haien« im Wasser verbracht. Jedesmal, wenn wir einen von ihnen wiedererkannt haben, war es für uns etwas Besonderes. Wir hatten das Gefühl »na, da ist er wieder«, geradeso, als wenn man einen guten Bekannten trifft. Selbstverständlich sind es keine Schmusetiere. Es ist eine wichtige Erfahrung, daß wir gerade zu diesen so gefürchteten Tieren zum Schluß unserer Expedition ein geradezu angstloses Verhältnis entwickelt haben. Vielleicht, nein, ganz sicher liegt es daran, daß wir durch die Haikäfige ein

Gefühl der Sicherheit haben. Ohne Käfig würde es ganz anders aussehen.

9. Tag Tauchen unter Seelöwen

Andrew und Rodney haben noch etwas ganz Besonderes für uns. Bei einer Insel gibt es die Möglichkeit, mit den seltenen australischen Seelöwen zu tauchen. Mateo bringt die »NENAD« vor der Insel in Position, das kleine Motorboot wird zu Wasser gelassen. Schon angekleidet, hieven wir die Tauchflaschen und Kameras ins Boot. Das soll nach acht Tagen der erste Tauchgang ohne Schutzkäfig werden. Was wird das für ein Gefühl sein? Ehrlich gesagt, bis jetzt haben wir uns keine darüber Gedanken gemacht. Doch heute tauchen wir sozusagen in der Speisekammer der Weißen Haie: Seelöwen zählen zu ihrer Lieblingsspeise. Andrew setzt uns auf der Insel ab. Mike, Brent und Greg sind ebenfalls mit von der Partie. Sebastian hat dankend verzichtet, in diesen Gewässern ohne Käfig zu tauchen.

Ein strenger Geruch erwartet uns auf der Insel. Wir laden unsere Tauchflaschen aus und legen sie im Wasser an. Kaum, daß wir im Wasser sind, schwimmen sie schon um uns herum, es sind Hunderte. Sie sind höchstens zwei Meter lang, die Männchen größer als die Weibchen, und bis zu 250 Kilogramm schwer. Schnell noch die Kameras und dann abtauchen. Der Meeresgrund besteht aus hellem Sand, die Seelöwen heben sich kaum davon ab. Zu Hunderten schwimmen diese possierlichen Tiere um uns herum. Wir lassen uns etwas abtreiben. 50 Meter weiter ist eine Seegraswiese, in der wir uns niederlassen, gefolgt von einem Pulk Seelöwen. Auch sie machen es sich gemütlich. Direkt vor uns, damit ihnen ja nichts entgeht. Sie stützen sich auf ihren Brustflossen ab. Wir könnten uns ausschütten vor Lachen. Es ist wie im Zirkus: Wir machen etwas vor, sie machen es nach. Ganz gleich, wo wir hinschauen, überall Seelöwen. Einer schwimmt genau über mir und schaut mir in die Maske. Ich bekomme einen Mordsschreck. Der Gedanke, ein Weißer Hai könnte plötzlich auftauchen, hat mich doch nicht losgelassen. Ein anderer Seelöwe spielt mit unseren Flossen. Er knabbert und schleckt daran,

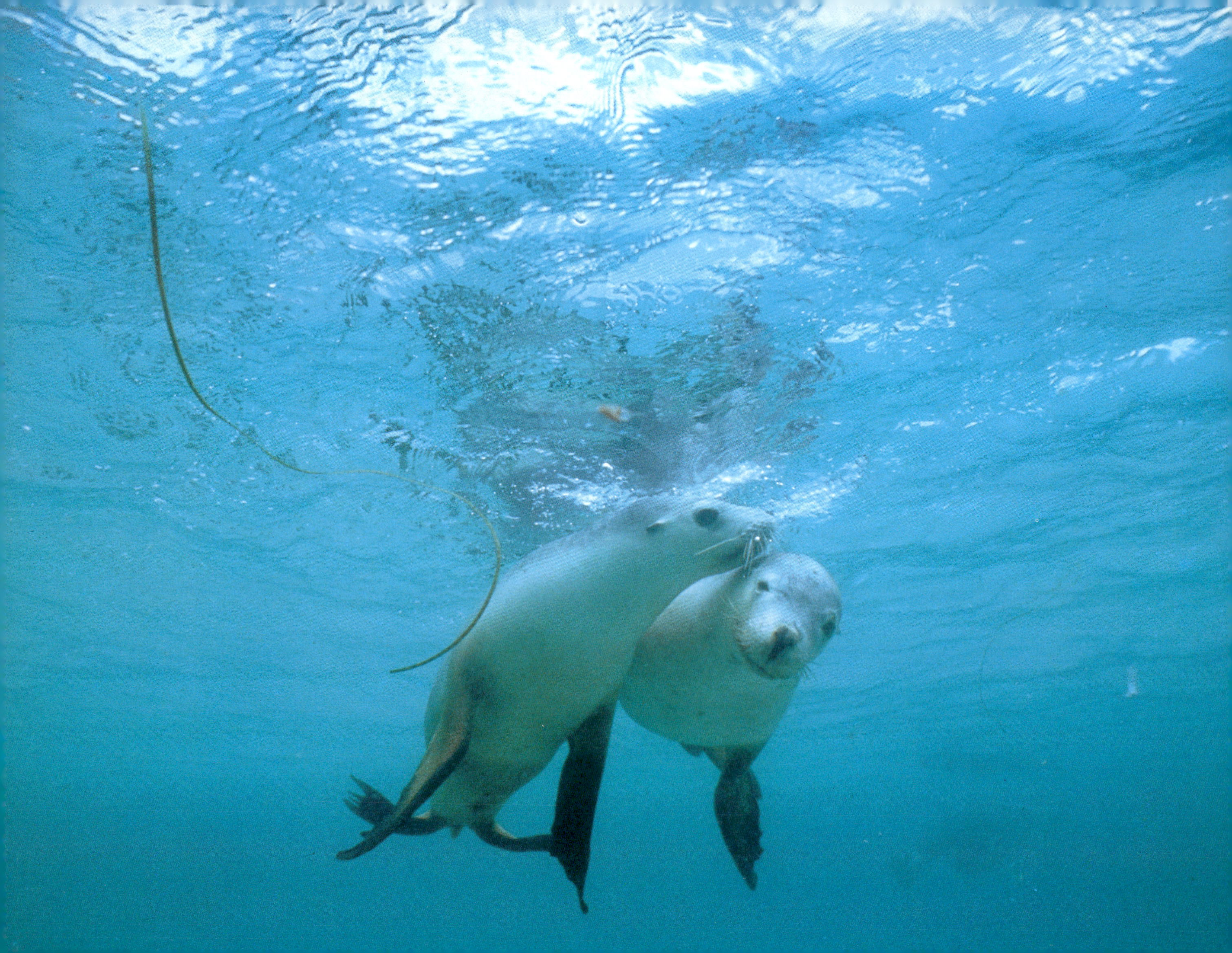

Ein grotesker Kontrast zu den Weißen Haien. Verspielt beißt einer der Seelöwen in Brents Flossen.

111

Für uns Menschen nur schwer zu begreifen –
die Seelöwen sind Hauptnahrung der Weißen Haie.

als gäbe es nichts Köstlicheres weit und breit. Einer sitzt vor uns und studiert eine Weile unsere aufsteigenden Luftblasen, bis auch er sich entschließt, etwas Luft abzulassen. Wir drehen den Kopf nach rechts, die Seelöwen drehen den Kopf ebenfalls nach rechts. Ganz gleich, was wir ihnen vormachen, sie ahmen es nach. Klaus hat seine Kamera auf dem Grund abgelegt. Das hätte er besser nicht tun sollen, denn ein Seelöwe schießt heran und versucht, mit seiner Schnauze die Riemen der Kamera zu ergattern. Gemeinsam bemühen wir uns, ihm die Kamera wieder abzujagen – ein Unternehmen, das gar nicht so einfach ist. Seelöwen sind pfeilschnell, wendig und sehr spielfreudig. Wir können auf Blitzgeräte verzichten, denn die Sonne dringt durch das Wasser, so daß wir tolle Lichtverhältnisse haben. Die Seelöwen sind dankbare Fotoobjekte. Wir haben das Gefühl, es macht ihnen besonderen Spaß, mit uns herumzutollen. Sie anzufassen, gelingt uns allerdings nicht: Wir sind einfach zu langsam. Blitzartig entziehen sie sich jeder Berührung. Auch unsere Luftblasen begeistern, selbst nach zwei Stunden können sich die Seelöwen noch daran ergötzen. Sie wälzen sich regelrecht darin. Wir verlassen das Wasser, die Seelöwen hinter uns her. Mike wälzt sich mit seinem naßen Neoprenanzug im Sand und sieht aus wie ein paniertes Schnitzel. Den Seelöwen gefällt auch das. Ausgelassen tollen sie mit uns herum. Wir haben so viel Spaß, daß wir gar nicht bemerken, wie die Zeit vergangen ist. Andrew wartet bereits mit dem kleinen Motorboot, um uns zur »NENAD« zurückzubringen. Der Abschied von den australischen Seelöwen fällt uns allen schwer. Aber es ist Zeit, sie zu verlassen, wollen wir doch heute noch nach William Island schippern, um dort nach den »Seadragon«, bei uns Fetzenfische genannt, zu suchen. Sie sind verwandt mit den Seepferdchen und sitzen, bestens getarnt, an den Blättern der Kelpalgen. Diese Fische kommen nur in Südaustralien vor, allerdings ist es sehr schwierig, sie aufzuspüren, denn es sind die reinsten Tarnungskünstler. Wieder zurück an Bord, wartet Silvia bereits mit den Abendessen. Unser leibliches Wohl kommt wirklich nicht zu kurz, und es wundert uns, was man in einer so kleinen Kombüse alles für Köstlichkeiten zubereiten kann.

... in welcher Pose hätten sie's gern?

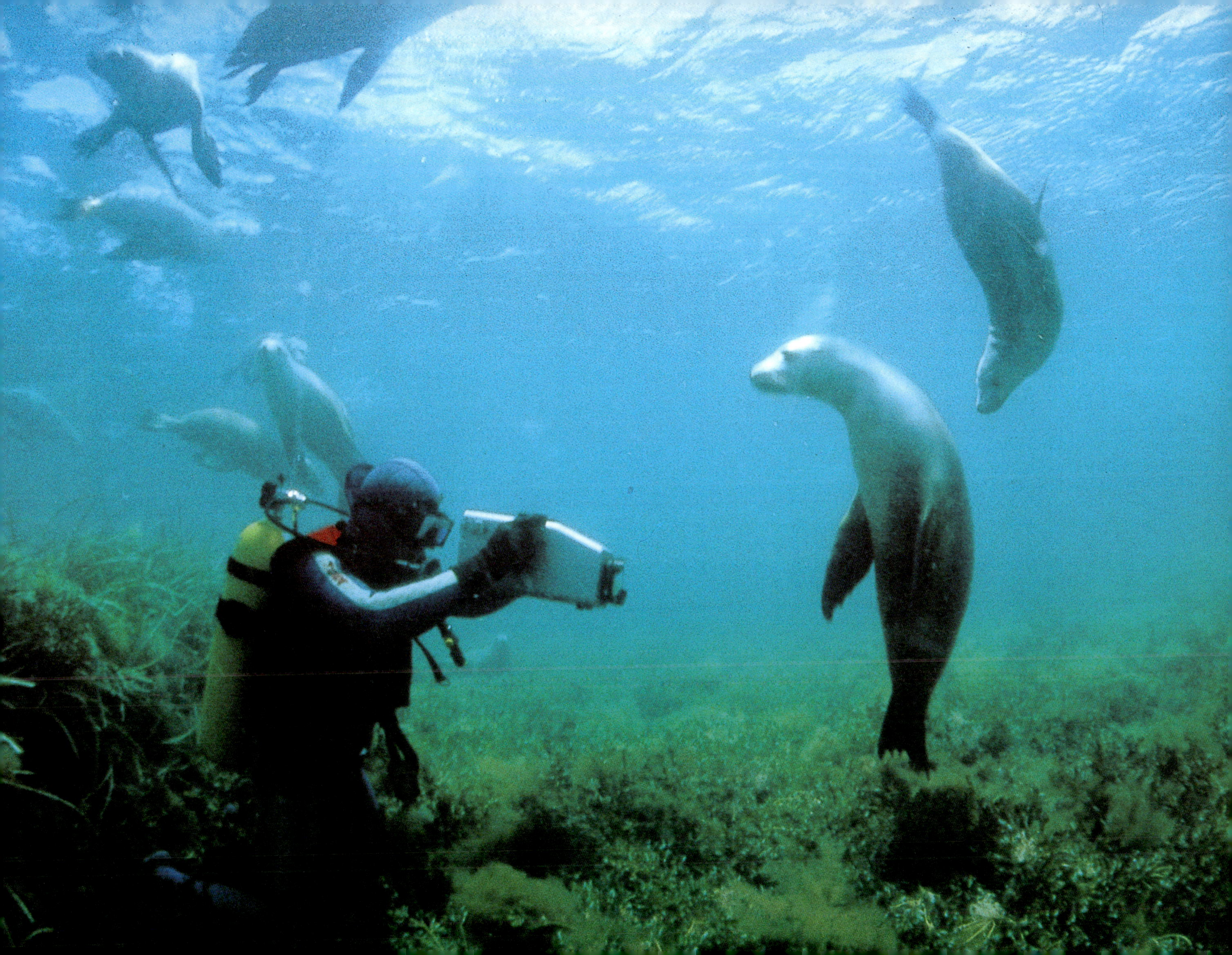

Rodney erzählt uns eine schaurige Geschichte über den Platz, an dem wir gerade mit den Seelöwen getaucht haben. Hätte er sie uns vorher erzählt, wir hätten wohl nicht so unbeschwert mit den Seelöwen herumgetollt. Ein Australier ist hier nur knapp mit dem Leben davongekommen. Er hatte sich dem Spielen mit den Seelöwen hingegeben, als er feststellte, daß er plötzlich allein im Wasser war. Die Seelöwen waren verschwunden. Er ahnte, daß hier etwas nicht stimmen konnte, aber es war bereits zu spät. Noch bevor er die Gefahr richtig begriff, wurde er von hinten von einem Weißen Hai angegriffen. Die Attacke kostete ihn ein Bein. Dank schneller medizinischer Hilfe hat er diesen Angriff überlebt, doch sein Leben wird für immer davon geprägt sein.

Die Wunden, die ein Weißer Hai Rodney zugefügt hatte, sind auf dem Körper sehr gut verheilt. Doch sicher darf man ihm glauben, daß die Spuren in der Seele eines Menschen, der dem Tod praktisch im Maul gehangen hat, sich fürs Leben einprägen. Trotz der uns vor Augen geführten Gefahr, von der wir natürlich schon vorher wußten, wird der Tag mit den Seelöwen ein unvergeßliches Erlebnis für uns bleiben. Wer weiß, wann wir wieder einmal die Gelegenheit bekommen, so ausgelassen mit Seelöwen zu spielen.

Die weißen australischen Seelöwen sind vom Aussterben bedroht. Nach unseren Informationen gibt es nur noch 5000 ihrer Art. Im Zeitraum von Oktober bis Januar werden die Jungen geboren. Sie sind der Natur gnadenlos ausgesetzt und relativ leichte Beute für Weiße Haie. Auch den Bullen fallen einige der Seelöwenbabys zum Opfer, wenn sie ihr Revier verteidigen. Doch das ist das Gesetz der Natur und gefährdet nicht das Überleben der Art. Es ist der Mensch, der sich immer wieder in natürliche Abläufe einmischt.

10. Tag Abschied von der »NENAD«

Unser letzter Tauchgang von der »NENAD« aus liegt vor uns. Wir liegen vor William Island und versuchen, hier in diesem Gewässer einige Fetzenfische vor die Linse zu bekommen. Diesmal tauchen Andrew und Rodney mit uns. Sie wollen Abalone-Muscheln suchen, und vielleicht finden wir mit ihren geübten Augen auch die Fetzenfische. Mit dem kleinen Motorboot fahren wir auf die Insel zu und lassen uns dort in das Wasser fallen. Vor uns breitet sich eine Landschaft mit Kelpalgen, Felsen und einem nicht erwarteten Fischreichtum aus. Barsche in riesigen Schwärmen ziehen an uns vorüber. Nicht ganz so bunt wie ein Korallenriff, aber mindestens ebenso eindrucksvoll. Rodney ist damit beschäftigt, Abalone-Muscheln zu sammeln; um Andrew scharen sich hunderte von Fischen, sie knabberten an unseren letzten Thunfischbröckchen, die er ihnen anbietet. Im Gewimmel von Fischen ist er kaum noch zu erkennen. Ein Ruck, Andrew schwimmt zur Seite. Ein vorwitziger Barsch hat ihm in den Finger gebissen. Das kommt vom Füttern. Wir schwimmen weiter, Greg deutet auf eine kleine Gruppe von Wimpelfischen. Neugierig schwimmen sie vor seiner Kamera hin und her, vermutlich können sie sich in der Frontscheibe sehen. Jeder sucht jetzt nach den nahezu perfekt getarnten Fetzenfischen. Nur ein gut geübtes Auge kann sie von den Kelpblättern unterscheiden. Nicht nur in der Farbe haben sich Fetzenfische angepaßt, auch ihre Körperumrisse sind schwer auszumachen, weil fetzenartige Anhänge sie quasi auflösen. Es gibt verständlicherweise nur sehr wenige Taucher, die Fetzenfische gesehen haben.

Leider haben wir kein Glück, aber der Tauchgang war trotzdem ein tolles Erlebnis. Nach und nach löst sich unsere Gruppe auf. Brent und Greg sind schon im Boot, auch Andrew und Rodney müssen schon oben sein. Nur noch Allan ist bei uns. Wir schwimmen um einen Felsen in der Hoffnung, womöglich doch noch einen Fetzenfisch zu entdecken. Aber es hilft nichts. Nach 80 Minuten sind unsere Flaschen leer, und so tauchen auch wir auf. Bob wartet schon auf uns. Wir steigen nicht in das Boot, sondern wählen eine ungewöhnliche Rückreisetechnik. Bob hat ein Seil ausgelegt, mit dem er uns zur »NENAD« zurückziehen will. Allan ist zuerst dran, dann Klaus und schließlich ich. Ich schlinge mir das Seil um den Handrücken, und los geht's. Bob muß wahnsinnig sein; er rast wie ein Verrückter. Ich habe das Gefühl, er reißt mir den Arm ab. Ich schreie, doch das Geräusch des Motors

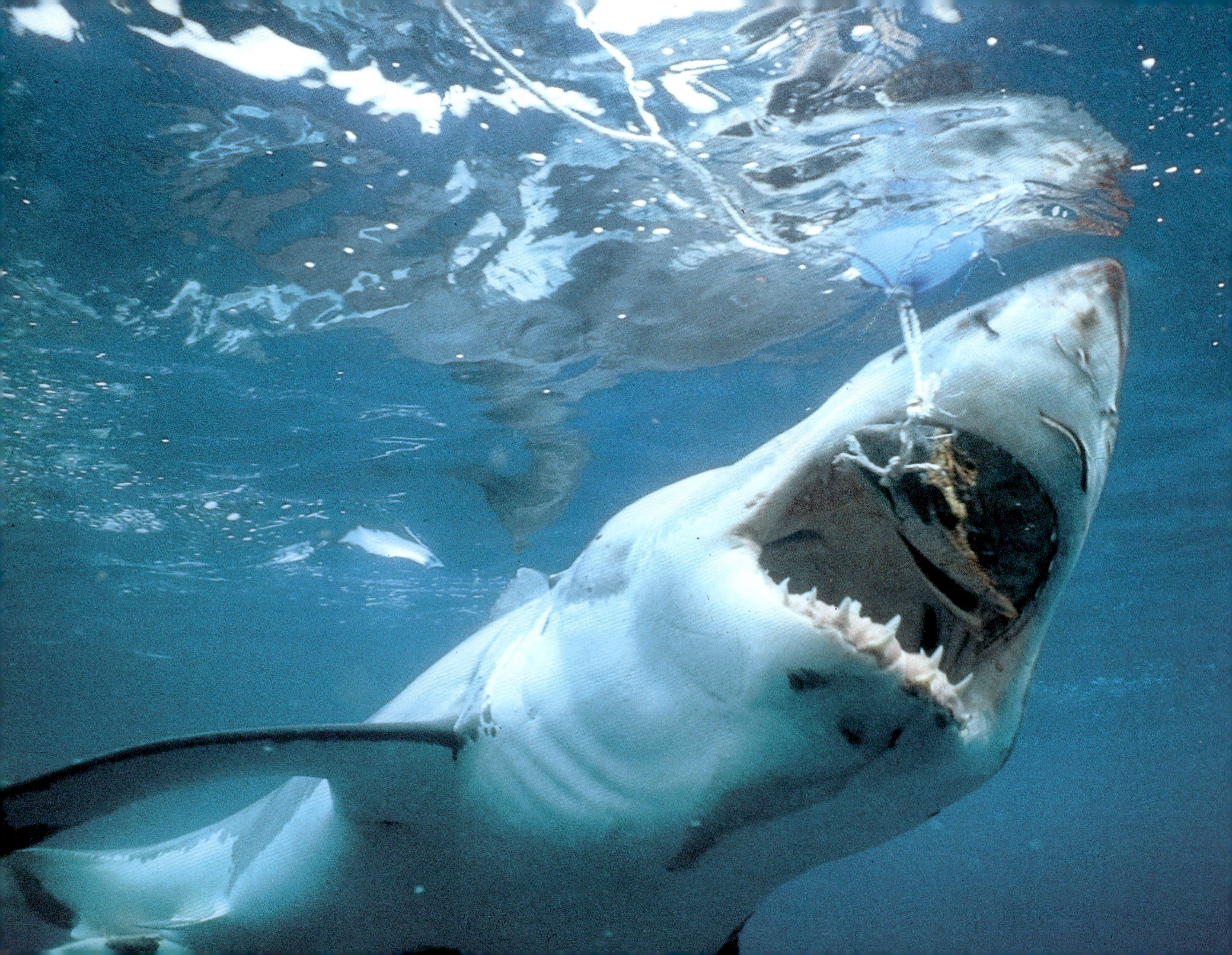

Eine der zahlreichen unbewohnten Inseln vor Dangerous Reef.

Die Furcht vor diesem Beutegreifer gilt einem Unbekannten.

Abalone – tellergroße Riesenmuscheln.

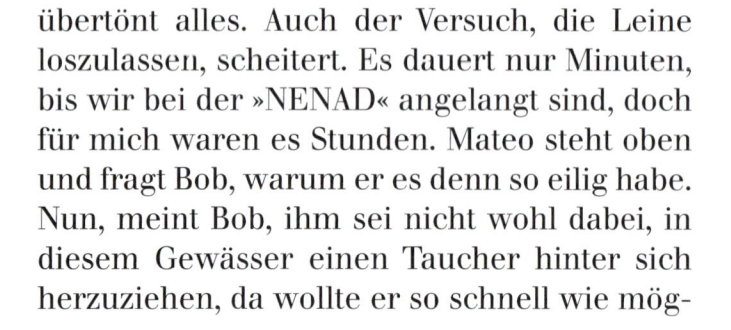

Rodneys blutgefüllte Eimer.

übertönt alles. Auch der Versuch, die Leine loszulassen, scheitert. Es dauert nur Minuten, bis wir bei der »NENAD« angelangt sind, doch für mich waren es Stunden. Mateo steht oben und fragt Bob, warum er es denn so eilig habe. Nun, meint Bob, ihm sei nicht wohl dabei, in diesem Gewässer einen Taucher hinter sich herzuziehen, da wollte er so schnell wie mög-

lich zurück sein. Ich bin ihm zwar dankbar für seine Besorgnis, doch als ich mir meine Hand anschaue, zweifle ich an dem Sinn der Aktion. Gebrochen ist zwar nichts, aber es wird einen ordentlichen Bluterguß geben. Eine gute Salbe, ein kleiner Verband, und die Sache ist vergessen.

Es war unser letzter Tauchgang auf dieser

Expedition, jetzt heißt es zusammenzupacken. Mateo bringt die »NENAD« auf Kurs Richtung Port Lincoln, jeder von uns sucht seine Siebensachen zusammen und versucht, so gut es eben geht, alles in den Tauchtaschen zu verstauen. Brent und Mike bauen ihre Videokameras auf, um die Expeditionsmitglieder zu ein paar Sätzen zu ermuntern. Jeder ziert sich, doch schließlich sitzen alle vor der Kamera und erzählen über ihre Empfindungen und Eindrücke während der letzten zehn Reisetage. Da merkt man erst, wie schwierig es ist, daß Erlebte auf einen kurzen Nenner zu bringen.

Der Weißen Haie wegen sind wir hier alle nach Südaustralien gekommen. Und wir haben mehr erlebt, als es sich jeder von uns hätte träumen lassen.

Wir haben auf dieser Expedition mehr als nur einmal dem Tod in die Augen geschaut. Natürlich waren wir immer geschützt durch unsere Haikäfige, doch es gab Situationen, in denen es für den Weißen Hai ein leichtes gewesen wäre, uns anzugreifen oder gar zu töten. Gerade dieser Nervenkitzel war es, der uns alle in den Bann dieser Tiere zog. Wir sitzen drei Stunden an Bord der »NENAD«. Jeder hört dem anderen zu, macht sich seine eigenen Gedanken und ist etwas traurig, daß unser Abenteuer heute ein Ende haben wird. Wir können die Umrisse von Port Lincoln schon erkennen, es ist kurz vor 16 Uhr, als wir im Hafen einlaufen. Rodney bittet uns, nichts darüber zu erzählen, ob, geschweige denn wo wir die Weißen Haie gesehen haben. Denn sonst ziehen sofort ein paar Fischer aus, um die Tiere abzuschlachten. Es fällt uns zwar schwer, die strahlenden Gesichter zu verbergen, doch der Gedanke an den Schutz der Weißen Haie hilft. Es stehen zwei Geländewagen bereit, die uns zum Motel bringen. Das Ausladen geht schnell voran. Zum Schluß stellen wir uns alle vor die »NENAD« für ein obligatorisches Abschiedsfoto. Für 10 Tage war sie unser Zuhause, sie hat uns auf unserem größten Abenteuer begleitet, geführt von Mateo, der diese Gewässer wie kein anderer kennt, und uns jede Nacht in eine ruhige Bucht gebracht hat. Wir haben uns auf ihr sehr wohl gefühlt. Der Boden unter unseren Füßen schwankt, kein Wunder nach zehn Tagen auf dem Schiff. Heute abend werden wir uns zu

von links nach rechts stehend: Klaus, Renate, Sebastian, Rodney, Silvia, Mike, Carl, Allen, Andrew
von links nach rechts kniend: Alexandra, Bob, Mateo, Greg, Brent

**Der nahe Anblick läßt uns in die Mitte
des Käfigs zurückfallen.**

**Folgende Doppelseite:
Links eine Szene wie er freundlich »lächelnd« auf
uns zuschwimmt, während rechts sein Kollege nach
einem Thunfischkopf schnappt.**

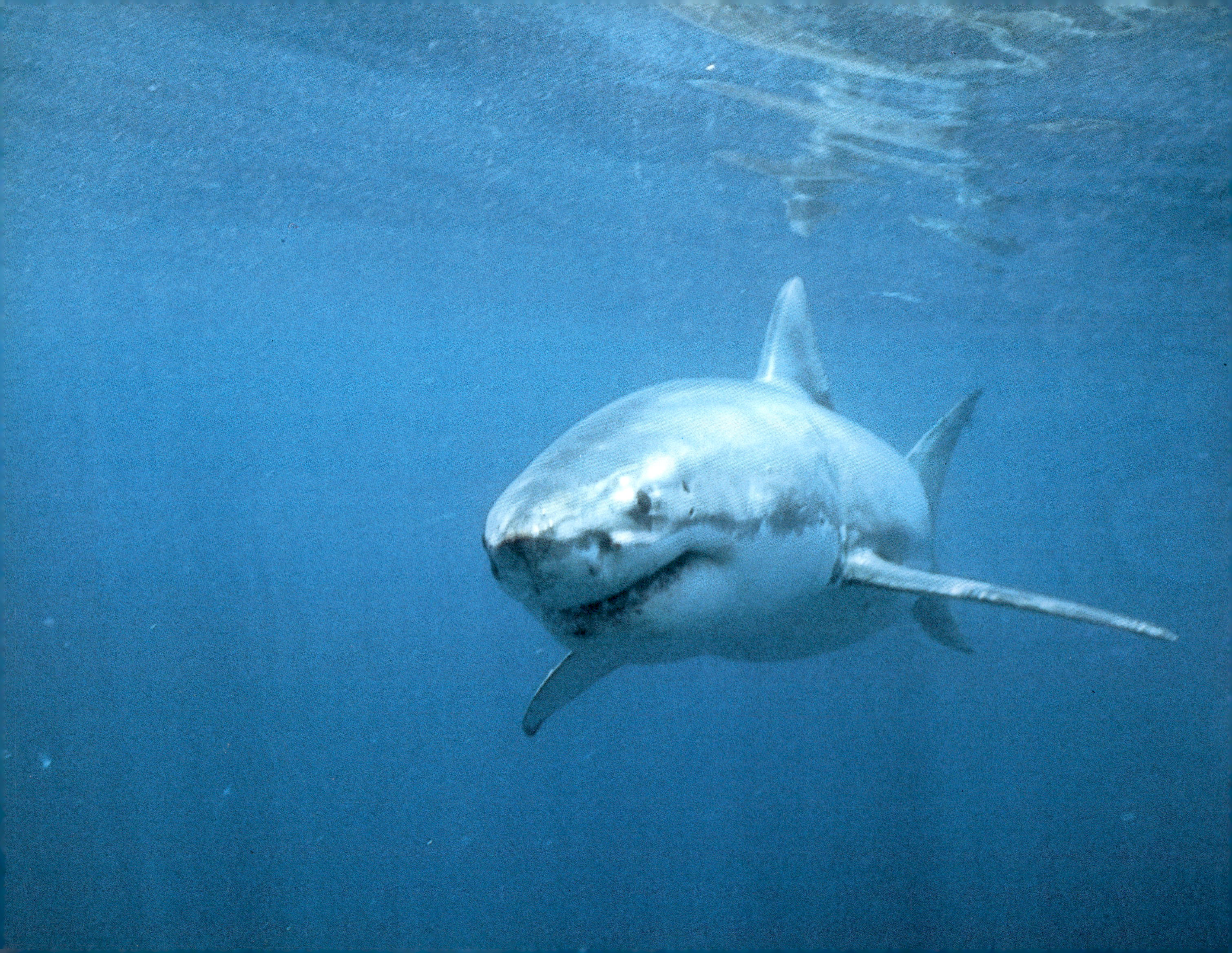

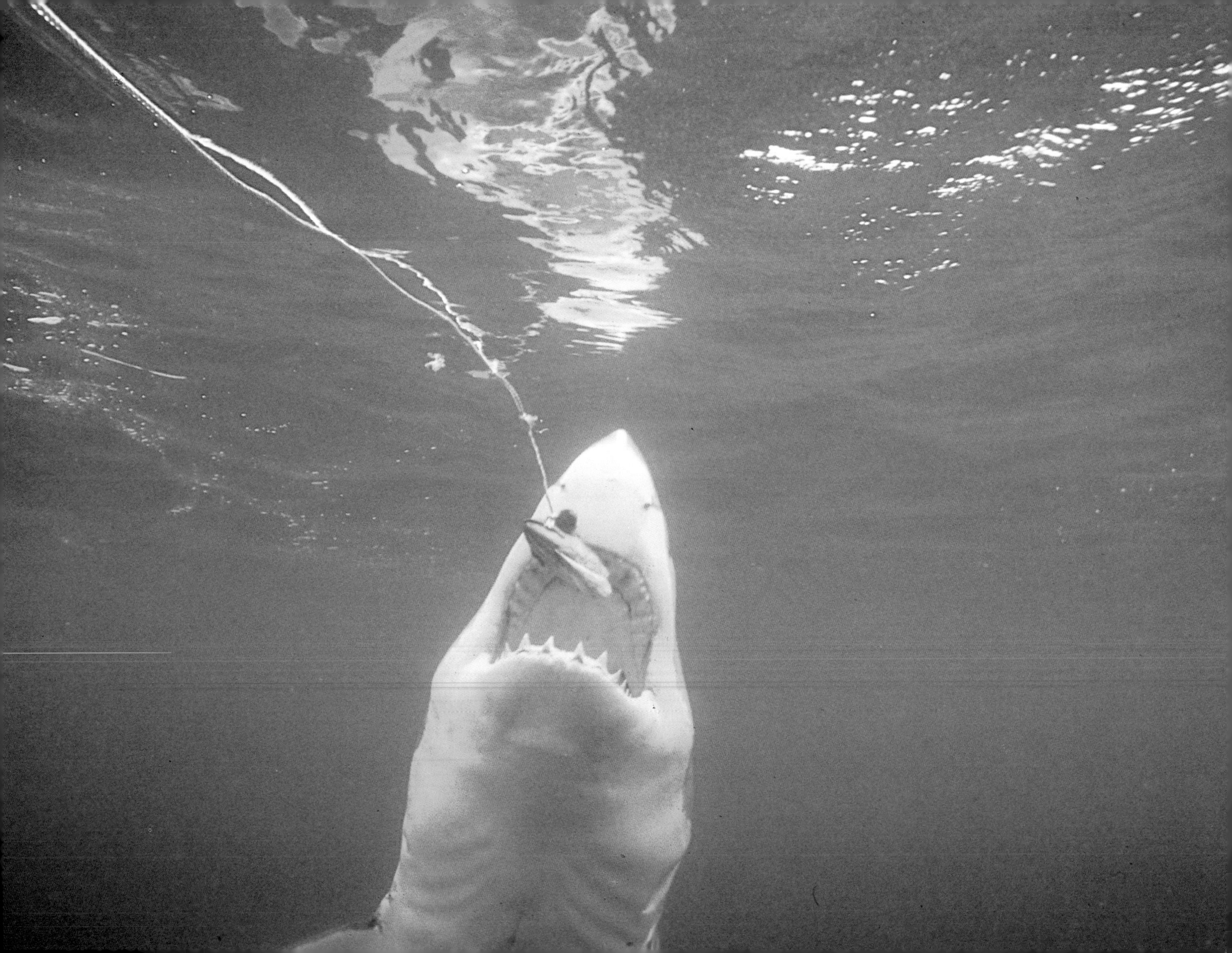

Andrew wartet mit dem Dingi.

einem abschließenden Abschiedsessen im Motel treffen. Wenn uns heute jemand fragt, ob wir noch einmal an einer Expedition zum Weißen Hai teilnehmen würden – die Antwort wäre ja!

Die Fahrt zu den Weißen Haien war das aufregendste Abenteuer, das wir je unternommen haben. Wir haben sechs Tage lang im Haikäfig gestanden. Es waren für jeden von uns etwa 50 Stunden in 18 Grad kaltem Wasser. Oft an der Grenze der eigenen physischen und psychischen Belastbarkeit angelangt, haben wir Erfahrungen gesammelt und Empfindungen wahrgenommen, auf die wir nie wieder verzichten möchten.

Wir haben in diesen 10 Tagen viele neue Freunde gewonnen, einige werden wir vielleicht nie wieder sehen. Doch die Erinnerung an das Erlebte verbindet uns für immer. Wir haben die Weißen Haie gesehen, haben die Gelegenheit gehabt, viele lange Gespräche mit Rodney Fox zu führen, einem Mann, der sie wie kein anderer kennt. Rodney hat uns die Faszination dieser Tiere nahegebracht, seine eigene Begeisterung auf uns übertragen.

Wir haben auf dieser Expedition erfahren, daß der Weiße Hai beileibe nicht das blutrünstige Monster aus dem gleichnamigen Film von Peter Benchley ist, sondern ein Tier mit Anmut, Wildheit und einer natürlichen Schönheit. Rodney Fox gab uns zum Abschied einen Satz mit auf den Weg der uns noch lange zu denken gab!

»Wir Menschen müssen lernen, mit allen Kreaturen auf dieser Welt zu leben, nicht nur mit den freundlich wirkenden«. Recht hat er, finden sie nicht auch?

Als wir im Frühjahr 1991 wieder nach Deutschland zurückgekehrt waren, erfuhren wir, daß die Republik Südafrika als erster Staat der Welt die Weißen Haie unter Naturschutz gestellt hatte. Das bedeutet, sie dürfen hier nicht mehr gejagt werden und haben somit in dieser Region eine Chance zu Überleben. Gerade in der Küstennähe Südafrikas kommen sehr viele Weiße Haie vor. Wir haben uns sehr über diese Situation gefreut und hoffen, daß noch mehr Staaten diesem Beispiel zum Schutz der Weißen Haie folgen werden.

Faszination Weichkoralle.

TEIL 3

Das Große Barrier Riff

Am Großen Barrier Riff zu tauchen ist wohl der Traum eines jeden Tauchers. Auf einer Fläche von mehr als 250 000 Quadratkilometern, rund 2000 Kilometer lang und einschließlich der Küstengewässer durchschnittlich 250 Kilometer breit, erstreckt sich die berühmteste Unterwasserlandschaft Australiens, wenn nicht der ganzen Welt.

Wer hier tauchen will, muß sich gut vorbereiten. Aufgrund seiner ungeheuren Ausdehnung kann man das Barrier Riff nicht einfach übers Wochenende erkunden. Wer es probiert, wird herbe Enttäuschungen erleben.

Da sich die Riffe ständig verlagern, ist es auch heute noch schwierig, für diese Bereiche genaue Seekarten anzufertigen. Sogar Kapitän

James Cook, der als erster das unglaubliche Wirrwarr an Riffen erforscht hat, hatte seine Probleme mit dem Barrier Riff – und James Cook dürfte für seine Zeit einer der fähigsten Kapitäne gewesen sein.

Die auffallendsten Vertreter der Fauna am Barrier Riff sind die Korallen, die man hier in unvorstellbarer Größe und Vielfalt vorfindet. Man trifft auf die unterschiedlichsten Lebensformen, auf riesige Fischbestände mit einer Artenvielfalt, die kaum zu übertreffen ist. Für Taucher ist es überwältigend, durch diese Unterwasserlandschaft zu schweben, vorbei an Unterwasserstädten aus Korallen, ein Erlebnis, das man nie vergessen wird.

Vorausgesetzt, man taucht an der richtigen Stelle. Diese zu finden, gibt es mehrere Möglichkeiten. Zum einen kann man auf eine der zahlreichen Inseln fahren. Sie sehen ähnlich aus wie die Malediven, die Landschaft ist jedoch abwechslungsreicher. Herrlicher Regenwald, Schluchten, Wasserfälle und eine vielfältige Tierwelt haben ihre Reize. Getaucht wird vom Strand oder vom Boot aus. Im Norden des Barrier Riffs liegt Lizard Island. Die Insel hat hervorragende Tauchgebiete, unter anderem das Cod Hole, bekannt für seine riesigen Zackenbarsche. Man kann am Ribbonriff tauchen, das zu den gigantischsten Rifflandschaften des Barrier Riffs zählt. Die Schattenseite: Die Riffe sind zum Teil von Dornenkronen zerstört worden. Die Dornenkrone, ein Seestern, ernährt sich von riffbildenden Korallenpolypen. Die Korallen gehen zugrunde, brechen auseinander und zerfallen. Es dürften Jahrzehnte vergehen, bis die Schäden verwachsen sind und die Korallenriffe sich wieder erholt haben. Die Dornenkronen können wie ein Spuk über ein Gebiet herfallen und sind genauso schnell wieder verschwunden, wie sie gekommen sind. Wir stehen der Katastrophe hilflos gegenüber. Man kann nur hoffen, daß sich die Gebiete schnell genug erholen. Es wird viel spekuliert, wie es überhaupt zu explosionsartigen Vermehrung der Dornenkrone kommen konnte. Ist das Massenauftreten vielleicht ein natürliches Phänomen, oder gibt es Zusammenhänge mit dem Auftreten der Trompetenschnecke (Charonia tritonis), auch Tritonshorn genannt?

Trompetenschnecken sind die natürlichen Feinde der Dornenkrone. Große Mengen der Trompetenschnecken sind als Souvenierstücke gesammelt worden, und Wissenschaftler vermuten, daß sich die Dornenkronen hemmungslos vermehren konnten, weil ihr natürlicher Feind fehlte. Das allein erklärt allerdings immer noch nicht, worin die Ursachen für die regelrechten Masseninvasionen von Dornenkronen liegen.

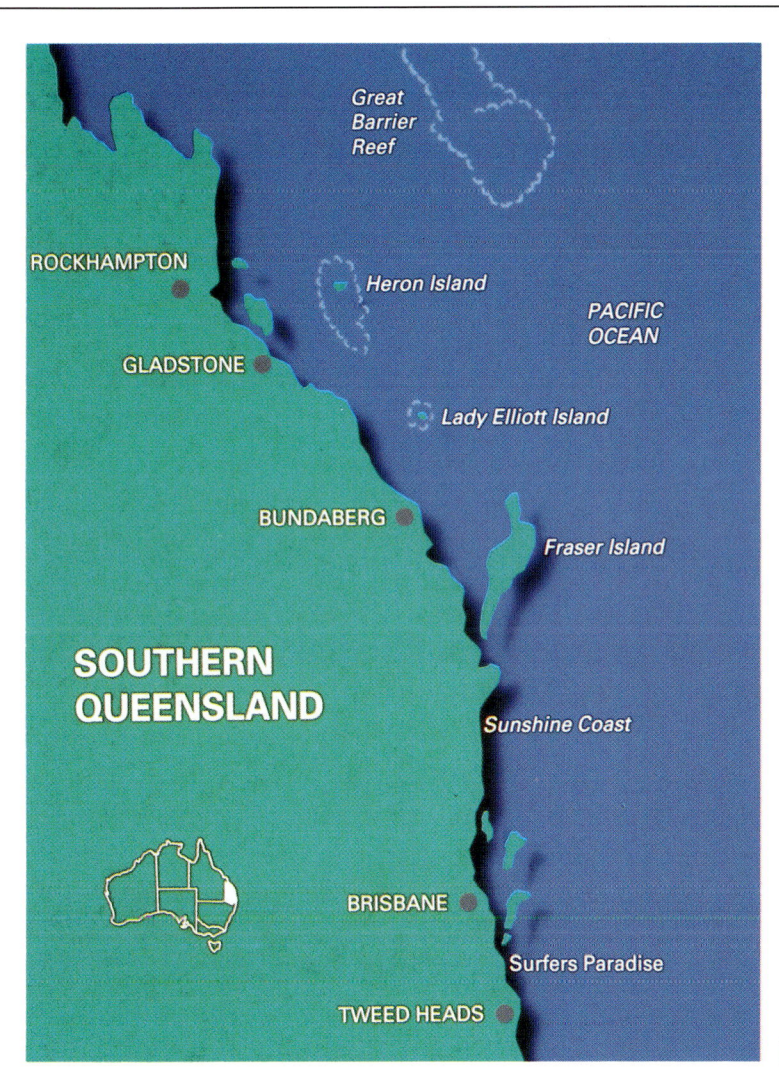

Im Süden des Barrier Riffs liegt Heron Island, eine Insel, die besonders für Tauchanfänger geeignet ist. Eine besondere Attraktion dieser Insel sind die Meeresschildkröten, die jedes Jahr zwischen Oktober und Dezember nach Einbruch der Dunkelheit an Land kriechen, um ihre Eier im warmen Sand abzulegen. Dieses Naturschauspiel kann man unter Aufsicht eines Rangers beobachten. Doch das birgt Gefahren: Aus Unüberlegtheit knipsen viele ihre Taschenlampen an, die Schildkröten erschrecken sich und kriechen in Panik ins Meer zurück. Oft müssen sie vier bis fünf Anläufe nehmen, um endlich in Ruhe ihre Eier ablegen zu können. Wenn man bedenkt, welche Kraft es die Tiere kostet, aus dem Meer zu kriechen, sollten wir sorgfältig überlegen, an derartigen Touren teilzunehmen. Sicher ist es besser, die Tieren in Ruhe lassen, auch wenn die Tour in jedem Prospekt angeboten wird.

Das Große Barrier Riff ist flach, und zwischen den zahlreichen Erhebungen ist die Wasserzirkulation behindert. Die beiden genannten Inseln liegen an der Innenseite des Barrier Riffs, wo die Sichtweite unter Wasser zwischen 10 und 30 Metern schwankt. Je mehr man sich jedoch der dem Meer zugewandten Seite des Riffs nähert, um so klarer wird die Sicht. Die zum Teil schlechtere Sicht an der Innenseite des Barrier Riffs wird einige Taucher enttäuschen. Doch auch hier kann man Glück haben, es gibt Tauchplätze erster Güte neben mittelmäßigen und schlechten Gebieten. Problematisch kann auch das Wetter sein und das Tauchen unmöglich machen. Um hier am Barrier Riff erfolgreich zu tauchen, bedarf es guter Planung und, wie überall, etwas Glück mit dem Wetter. Will man besonders viel sehen, sollte man vom Boot aus tauchen. Zwischen den Angeboten gibt es allerdings beträchtliche Unterschiede, was die Qualität, die Reichweite und vor allem die Größe der Boote anbelangt.

Für das Innenriff gibt es in jeder Stadt einen Anbieter, für die längeren Touren, die drei bis zwölf Tage dauern, muß man sich schon genauer erkundigen. Ausgangspunkte für Bootstouren sind die beiden Städte Cairns und Townsville, die zweitgrößte Stadt in Queensland. Townsville war Ausgangspunkt für unsere beiden Trips, einmal vier Tage zum legendären Wrack der Yongala und eine zwölftätige Tour in die Coral Sea. Gebucht haben wir beide Fahrten bei Mike Ball, der drei Tauchboote besitzt, alle drei Katamarane. Sein ältestes Boot ist die Watersport in Townsville, 21 Meter lang, 10 Meter breit und 8 Knoten schnell. Der zweite Katamaran, die Supersport, liegt in Cairns, Anlaufziele sind die Coral Sea, Cod Hole und die Ribbon Reefs. Die 30 Meter lange und 11 Meter breite Supersport erreicht eine Geschwindigkeit von 15 Knoten. Mike Balls neuester Katamaran ist die Spoilsport. Sie ankert in Townsville und dürfte eines der exklusivsten Tauchboote auf der Welt sein. Mit 34 Metern Länge und 12 Metern Breite fährt die Spoilsport 16 Knoten. Damit ist sie Mike Balls größtes und zugleich schnellstes Boot. In Townsville betreibt er gleichzeitig eine Tauchbasis mitsamt Tauchschule. Sein Konzept ist perfekt arrangiert, sein Angebot läßt keine Wünsche offen. In seinem Tauchshop findet man alles, was das Taucherherz begehrt, die Schulungsräume sind mit allem ausgestattet, was für eine gute Ausbildung nötig ist. Auf dem Dach des Ladens gibt es sogar einen Schwimmingpool. Eine praktische Sache, konnten wir doch gleich unsere Gehäuse ausprobieren und auf Dichtheit testen. Wir sind einen Tag zu früh angekommen. Das Boot fährt erst morgen aus. Kein Problem, so können wir uns hier noch ein bißchen umschauen. Townsville hat trotz seiner Größe den Charakter einer Kleinstadt bewahrt.

Uns interessiert vor allem das Great Barrier Reef Wonderland mit seinem einen Hektar großen Korallenaquarium. In unmittelbarer Nähe des Cape Ferguson liegt das Australian Institute of Marine Science, eines der bedeutendsten Meeresforschungsinstitute der Welt. In Townsville vergehen die zwei Tage wie im Flug, und ehe wir uns versehen, stehen wir um 21 Uhr abends am Pier, um auf der Watersport einzuchecken. Die Besatzung ist wirklich nett und hilft uns, wo sie nur kann.

Wir sind 16 Taucher, die Crew besteht aus sechs Leuten, dem Kapitän, zwei Köchinnen, einem Matrose und zwei Tauchguides.

Während wir unsere Gepäck verstauen, gehen wir auf Kurs hinaus ins Barrier Riff, von dem wir uns so viel erwarten. Vor allem freuen wir uns auf die Yongala, die als eines der schönsten Wracks im Südpazifik gilt. Ob wir dort allerdings tauchen können, hängt alleine vom Wetter ab. Selbst bei idealen Wetterverhältnissen ist es oft nicht einfach, dort zu ankern. Aber der Kapitän macht uns Mut. Das Wrack finde er im Schlaf, meint er. Auch unser Tauchguide war schon so oft hier, daß er das Wrack in- und auswendig kennt.

Was ist so besonderes an der Yongala? Sie liegt auf ebenem Sandgrund. Weit und breit gibt es kein Riff, die Yongala selbst ist sozusagen ein künstliches Riff geworden.

Am 23. März 1911 ist sie in einem Zyclon gesunken und alle 47 Passagiere und 73 Besatzungsmitglieder sind dabei vermutlich umgekommen. Die Yongala war 110 Meter lang, 13,8 Meter hoch und fuhr seinerzeit 14,5 Knoten. Daß die Yongala heute eines der berühm-

Stachelrochen am Wrack der Yongala, Great Barrier Reef.

Im Wrack der Yongala, Great Barrier Reef.

testen Schiffe der australischen Schiffahrtsgeschichte ist, hat mit der Tragödie zu tun, die sich bei ihrem Untergang abgespielt haben muß. Die Yongala zählte mit ihren beiden Schwesterschiffen von Adelaide Steamship gebaut, zu den wichtigsten Schiffen der australischen Handelsschiffahrt. Die Jungfernfahrt der Yongala fand 1903 statt. Das Schiff war derart erfolgreich, daß es bald das ganze Jahr über an der Ostküste unterwegs war. Am 23 März 1911 verließ die Yongala den Hafen Mackay in nördlicher Richtung nach Townsville. Das letzte Mal wurde sie am Leuchtturm Dent Island gegen 18.00 Uhr gesichtet. In der folgenden Nacht tobte ein Wirbelsturm über die White Sunday Passage, und alle Schiffe lagen vor Anker, außer der Yongala.

Drei Tage später wurde sie als vermißt gemeldet, intensive Suchaktionen blieben erfolglos. 40 Jahre lang sollte ihr das Schicksal im dunkeln bleiben. Anfang der 50er Jahre entdeckte eine Gruppe von Tauchern das Wrack mit ausgefahrenem Anker bei Cape Bowling Green auf dem Meeresgrund. Vermutlich hatte sich der Kapitän entschieden, vor Anker zu gehen, als sich das Schiff im Zentrum des Wirbelsturmes befang. Hier, im Zentrum herrscht wenig Wind, zieht der Wirbelsturm jedoch weiter, bläst es ganz ordentlich. Wahrscheinlich ist die Yongala bei dem Versuch gesunken, den Bug mit Hilfe ihres Ankers in den Wind zu drehen. Heute liegt sie in 30 Metern Tiefe auf dem Grund, die Backbordseite nach oben bis 14 Meter Tiefe.

Nun ja, wir sind gespannt auf das Wrack. Etwa acht Stunden sollte die Fahrt dauern, wir legten uns solange in unsere Kabinen, um zu schlafen. Das Wetter zeigte sich nicht gerade von seiner besten Seite. Die Tatsache, daß in Port Douglas eine Zyklonwarnung vorlag, beruhigte uns auch nicht gerade.

Wir wachen auf, weil es plötzlich ruhig ist, der Kapitän hat die Maschinen gedrosselt. Die Wrackstelle müßte ganz in der Nähe sein. Er hat die Yongala gefunden. Wir entdecken eine Schildkröte an der Wasseroberfläche. Chris, unser Tauchguide, meint, die sei nur zum Luftholen hier oben, die würden wir nachher im Wrack ganz sicher wiedersehen. Die Anker rasseln in die Tiefe, und unsere Spannung steigt. Weil die Strömung hier oft sehr stark ist, wird ein Sicherungsseil mit Markierungsbojen und ein Führungsseil vom Heck unseres Bootes bis zum Wrack hintergelegt.

Endlich ist es soweit. Wir hangeln uns am Sicherungsseil entlang bis zur Markierungsboje. Ein letztes okay – Zeichen, und wir tauchen ab. Die Strömung ist wirklich ziemlich stark. Gut, daß wir Handschuhe anhaben und uns am Führungsseil in die Tiefe ziehen können. Wir sind umgeben von großen Fledermausfischen, die unsere Aktion hier sicher komisch finden. Die Strömung ist so kräftig, daß wir wie Fahnen vom Seil abstehen, und zerrt dermaßen stark am Schnorchel der Maske, daß es an ein Wunder grenzt, daß das Gummi nicht reißt. Die Sicht ist gleich Null. Endlich erreichen wir die Yongala. Im Dämmerlicht können wir die Umrisse erkennen, wenn auch nur schemenhaft. Wir sind etwas enttäuscht, hatten erwartet, ein intaktes Wrack in Augenschein nehmen zu können, doch die schlechte Sicht macht alles zunichte. Wir tauchen, besser wir ziehen uns am Wrack entlang und schwimmen durch ein Loch in den Rumpf. Hier ist es schlagartig besser, das Wasser einigermaßen klar. Wir haben eine Sicht von vielleicht fünf Metern, auch die Strömung ist nicht mehr so stark. Wir verschnaufen kurz, machen unsere Lampen an. Was wir sehen, verschlägt uns die Sprache: überall Weichkorallen in sämtlichen Farben, Peitschenkorallen strecken sich uns entgegen, und tausende von kleinen Glasfischen tummeln sich hier. Wir tauchen weiter, und es bleibt uns fast das Herz stehen. Ein riesiger Zackenbarsch steht vor uns, er scheint die Größe eines Kleinwagens zu haben. Zuerst können wir kaum glauben, daß es so etwas gibt. Im Schiffsrumpf ist es sowieso etwas gruselig, doch dieser »Zacki« gibt uns den Rest. Raus hier, denken wir. Um uns Hunderte von Makrelen, auf einmal wuselt es überall, ganz gleich wo wir hinschauen. Barsche in allen Größen stehen regungslos am Wrack, geradeso, als warteten sie auf den Bus, Schwärme kleiner Fische umkreisen uns, wir entdecken Nacktschnecken, Haarsterne. Ach, es ist so viel, daß wir gar nicht alles auf einmal wahrnehmen können. Wir schwimmen einmal um das Wrack herum. Dann stehen wir wieder vor dem Loch im Rumpf, wo wir dem Zackenbarsch begegnet sind. Noch einmal tauchen wir hinein, um nachzusehen, ob er noch da ist.

135

Clownsfisch.

Zackenbarsch.

Tatsächlich, da steht er immer noch. Jetzt, wo wir ihn schon kennen, ist der Schreck nicht mehr so groß. Ehrlich gesagt, bei Begegnungen mit Haien ist uns nicht so bange gewesen wie bei diesem Burschen. Er dürfte mindestens 250 Kilogramm wiegen, der Prachtkerl. Hinter ihm schweben noch zwei kleinere Barsche. Wir lassen uns auf den Boden des Wracks treiben, schauen uns um und entdecken zahlreiche alte Flaschen.

Sie sind noch voll und mit Korken verschlossen. Wir drücken an einem Korken herum, und etwas von dieser Flüssigkeit strömt heraus. Auf einmal sind wir umzingelt von kleinen und größeren Riff-Fischen, die offenbar glauben, etwas Leckeres zum Fressen zu bekommen. Wir legen die Flaschen wieder auf den Boden zurück und tauchen aus dem Bauch der Yongala heraus. Die Luft wird knapper, wir müssen an den Aufstieg denken, da entdecken wir voraus auf dem Grund eine Schildkröte, regungslos. Ihr Panzer ist grünlich, überzogen von Muscheln. Erst bezweifeln wir, ob sie überhaupt noch lebt. Plötzlich Bewegung, Sandkörner wirbeln auf, und mit einem Flossenschlag zieht sie an uns vorbei.

Korallen-Wächter.

Wir sehen Schatten auf uns zukommen: Ja, da sind sie, die legendären Stachelrochen der Yongala, majestätisch gleiten sie an uns vorbei. Wirklich schade, daß wir eine so miserable Sicht haben. Was wäre das für ein Anblick, diese Stachelrochen im blauen Wasser über der Yongala. Tja, man kann nicht alles haben, sind wir froh, daß wir überhaupt zum Tauchen gekommen sind. Wir müssen nach oben, zu lange schon haben wir uns in 30 Metern Tiefe aufgehalten. Die Strömung hat etwas nachgelassen. In 14 Meter Tiefe erreichen wir das Führungsseil. Da entdecken wir noch zwei Seeschlangen. Wir wissen, daß Seeschlangen sehr neugierig sind. Sofort kommt eine auf uns zugeschwommen und inspiziert unsere Kamera aus der Nähe. Seeschlangen haben sehr schlechte Augen. Obwohl sie zehnmal giftiger als Kobras sind, gehen Begegnungen zwischen Seeschlangen und Menschen in den meisten Fällen gut aus. Doch sie wehren sich, wenn sie in Bedrängnis kommen. Der erste Biß einer Seeschlange ist oft nur ein Warnbiß ohne Gift. Taucher sollten trotz alledem nicht leichtsinnig werden, denn es kann vorkommen, daß Seeschlangen aggressiv reagieren. Heftige Bewegungen beim Versuch zu flüchten könnten von den Reptilien als Angriff mißdeutet werden – eine tödliche Gefahr.

Seeschlangen sind Luftatmer, ebenso wie wir müssen sie ab und zu an die Wasseroberfläche. Bei unserem Aufstieg begegnen wir noch zwei weiteren olivgrünen Exemplaren, die sich elegant an uns vorbeischlängeln. Wir hätten sie leicht berühren können, doch wir haben alle Hände voll zu tun, uns festzuhalten, damit wir nicht abgetrieben werden. Die See ist rauh, und der Anblick des Katamarans flößt uns Angst ein. Ständig hebt und senkt sich die Plattform bis zu drei Meter. Wir können die Leiter nicht benutzen.

Chris hat derartige Situationen schon erlebt und weiß, wie er uns helfen kann. Wenn sich die Plattform nach unten senkt, lassen wir uns daraufspülen, und bevor die nächste Welle sie wieder nach oben drückt, ziehen Chris und seine Leute uns vollends nach oben. Wie unsere Kameras das überlebt haben, ist uns bis heute schleierhaft. Wegen der Strömung und des starken Wellengangs können wir nicht mehr ins Wasser, es ist einfach zu gefährlich.

Der nächste Tag bringt uns besseres Wetter, auch die Sicht an der Yongala ist um einiges klarer. Für Unterwasserfotografen wie uns nicht ideal, aber für Eindrücke vom Wrack reicht es. Nach fünf Tauchgängen kennen wir uns schon ganz gut aus. Wir erforschen das Innere des Wracks mit Begeisterung. Der Gedanke, daß die Yongala ein Grab für 120 Menschen ist, flößt uns genügend Respekt ein, und wir hüten uns, irgendwo gegen zu stoßen, auch um das Aufwirbeln von Sediment zu vermeiden. Die Sicht wäre sonst noch schlechter geworden. Die Fische scheinen immer an der gleichen Stelle zu stehen. Egal, ob wir unseren riesigen Zackenbarsch besuchen oder zu den Barschen schwimmen, die wie angenagelt im Wasser schweben. Einige konnten wir an ihren Verletzungen wiedererkennen.

Für Schatztaucher gibt es auf der Yongala, die seit 1981 unter Denkmalschutz steht, natürlich nichts mehr zu holen. Es wurde schon alles geborgen und dem Shipwreck Museum in Port Douglas übergeben. Das Interessanteste an diesem Wrack ist auf jeden Fall die Vielzahl von Lebewesen, die es zu ihrem Hause erkoren und zu einem Riff umgestaltet haben. Auf unseren Reisen haben wir noch nie einen Tauchplatz gesehen, der auf so engem Raum eine derart geballte Artenvielfalt aufweist.

Für Fotografen kann der Versuch kläglich scheitern, hier alles auf den Film bannen zu wollen. Die Strömung ist stark, dazu liegt das Wrack frei im Wasser auf sandigem Untergrund. Selten gibt es mehr als zehn Meter Sicht. Dennoch ist ein einmaliges Erlebnis, hier zu tauchen. Wir würden jederzeit wieder hierher zurückkehren.

Die Yongala ist auf jeden Fall ein ausgesprochener Höhepunkt auf einer Reise durch das Barrier Riff. Wir sahen allerdings noch andere Unterwasserlandschaften, weniger spektakulär, aber dennoch abwechslungsreich. Die Unterwasserlandschaft ändert sich von Riff zu Riff. Die Vielfalt der Korallen überwältigt uns. Typisch für das Barrier Riff sind die »Bommies«, Korallenblöcke, die aus den verschiedensten Korallenarten aufgebaut sind.

Bommie ist vom australischen Wort »bombora« abgeleitet und bezeichnet eine Korallenformation, die nicht bis an die Wasseroberfläche reicht. 30 bis 40 Meter hoch mit einem Durchmesser um die 20 Meter stehen diese zuckerhutähnlichen Korallenblöcke frei im Wasser und sind Sammelpunkte maritimen Lebens. Die »Bommies« sind außerordentlich fischreich und mit herrlichen Weichkorallen bewachsen. Es ist jedesmal wieder ein Erlebnis, um »Bommies« herumzutauchen. Man findet stets wieder etwas Neues. Kleine Nacktschnecken rekeln sich in Gorgonien, Korallen leuchten in Gelb, Rot und Grün, dazwischen gedeihen Haarsternebüschel mit zarten Armen, und überall Kaiser- und Schmetterlingsfische sowie winzige Riffbarsche, die uns umkreisen.

Als wir nach vier Tagen wieder in Townsville einlaufen, sind wir mit dem bisher Erlebten zufrieden. Natürlich hätten wir uns besseres Wetter gewünscht, doch wir haben trotzdem einige wunderbare Tauchgänge erlebt, an die wir noch oft zurückdenken werden. Die Begegnungen mit Seeschlangen, Schildkröten und dem Zackenbarsch im Bauch der Yongola – all dies sind Eindrücke, die sich tief und nachhaltig in unser Gedächtnis eingegraben haben. Wir haben eine Woche Zeit, bis wir für unsere zwölftägige Tour in die Coral Sea wieder nach Townsville zurück müssen. In diesem riesigen Land wird eine Woche nie langweilig. Wir beschließen, nach Norden zu fahren, um uns Cairns, neben Townsville der zweite mögliche Ausgangspunkt für Bootstouren, und seine Umgebung anzuschauen. Dort soll es traumhafte Landschaften geben, Australien ausschließlich unter Wasser zu erleben, wäre zu schade.

Mit einem Katamaran in die Coral Sea

Der auffälligste Unterschied zwischen dem Großen Barrier Riff und der Korallensee liegt in der Klarheit des Wassers. Sichtweiten bis zu 70 Metern sind in letzterer nicht selten, sondern die Regel. In der Korallensee finden wir die gleiche ungeheure Fülle und den Artenreichtum des Großen Barrier Riffs vor, nur in glasklarem Wasser, so versichert uns zumindest Jack, der für das Tauchen auf der Spoilsport zuständig ist. Wenn das Tauchgebiet so exzellent ist wie dieses Prachtboot, dann kann ja nichts mehr schiefgehen.

Die Spoilsport ist ein Luxus-Tauchboot mit allen erdenklichen Bequemlichkeiten. Die Tauchutensilien sind in Körben unter der Tauchflasche angebracht. Man braucht sein Jacket nur einmal an die Flasche zu schrauben, die nach jedem Tauchgang am Platz gefüllt wird. Nur den Lungenautomaten muß man noch selbst abdrehen. Auf der Spoilsport gibt es kein Schleppen mehr. Mich wundert, daß wir überhaupt noch ins Wasser laufen müssen. Die Kabinen sind mit edlem Holz vertäfelt, eigene Dusche und eigenes WC selbstverständlich. Auf dem zweiten Deck gibt es eine Terrasse, und die Messe ist mit Korbmöbeln, Videorekorder und vier langen Eßtischen gemütlich eingerichtet. Bei der Ankunft wird erst einmal von jedem Tourteilnehmer ein Polaroid-Bild in Paßgröße angefertigt, an eine Pinnwand geheftet und mit Namen versehen: bei 35 Leuten an Bord eine praktische Hilfe, sich schneller kennenzulernen. Das Essen ist ausgezeichnet, nur viel zu reichlich. Ja wirklich: Man fühlt sich wie auf einem Kreuzfahrtschiff, liebevoll gedeckt der Tisch, extra gefaltet die Servietten, dazu stilvolle Weingläser, Kerzenschein, ein Ambiente, das Luxus ausstrahlt.

Die Spoilsport darf erst abends gegen 21 Uhr betreten werden. Alle Crewmitglieder begrüßen uns und weisen uns auf dem Schiff ein. Auf unserem Trip ist auch ein Meeresbiologe dabei, der uns einige Vorträge halten wird. Jack und Tui, unsere Tauchguides, erklären uns die Tauchtour. Wir können tauchen, so oft und so lange wir wollen, nur muß die Tiefe vertretbar sein, und es darf zu keinen Dekozeiten kommen. Aber es hat ja jeder einen Tauchcomputer, da wird schon nichts passieren. Da haben wir's. Wir besitzen keine Tauchcomputer, wir tauchen nach Tabellen. Okay, das kriegen wir schon hin, ermutigt uns Jack. Glücklich und zufrieden gehen wir in unsere Kabine und sind gespannt auf den ersten Tauchgang in der Korallensee.

Ziel ist das Flinders Riff, benannt nach dem britischen Kapitän Mathew Flinders, der von 1802 bis 1803 die Peripherie des australi-

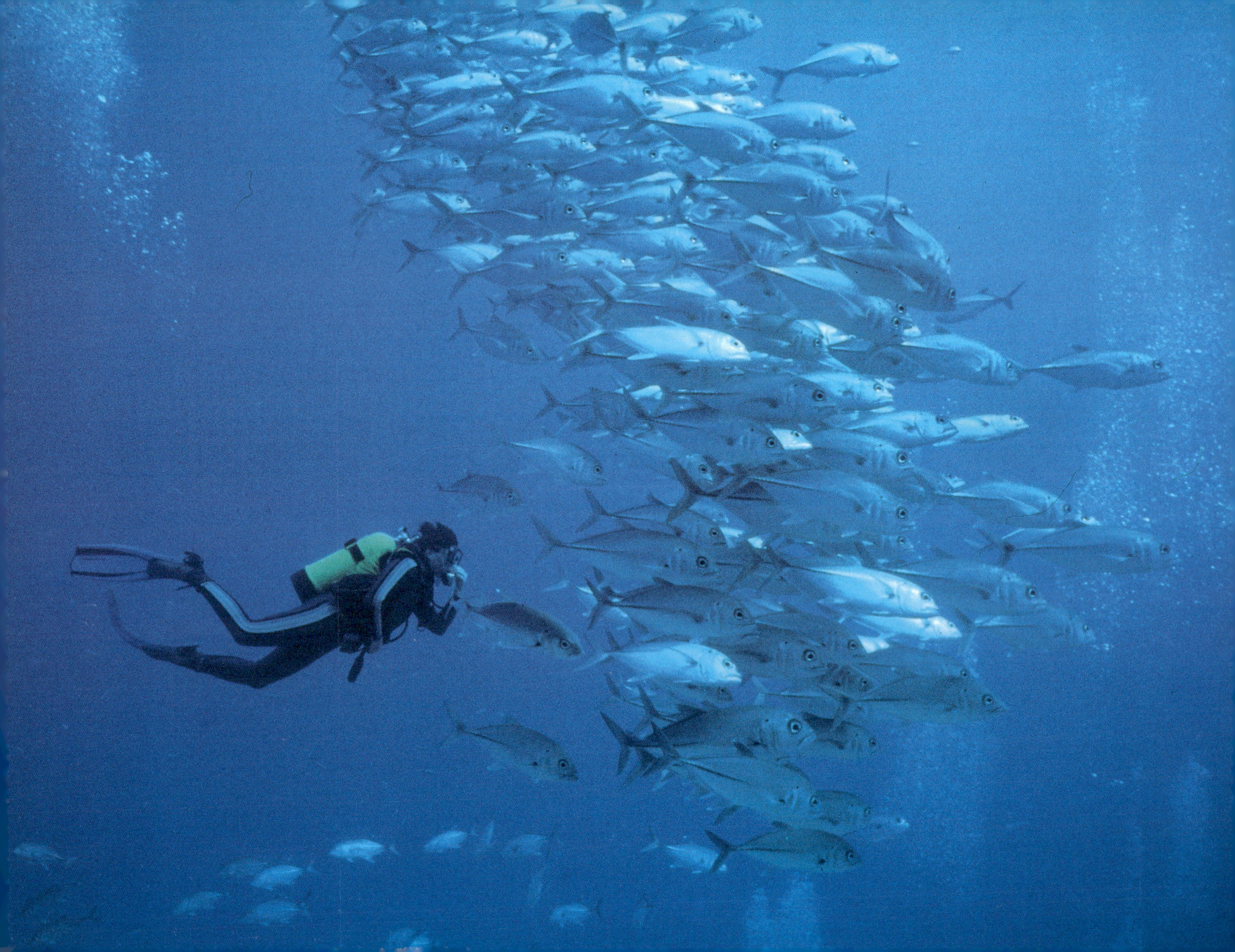

Ein riesiger Thunfischschwarm und Barakkudas. Wer jagt wen?

Faszination Tauchen.

schen Kontinents erforschen sollte. Schon damals berichtete Flinders von riesigen Haien in dieser Region. Doch die Unterwasserlandschaft Australiens sollte erst viel später erforscht werden. Drei Tage brauchen wir zum Flinders Riff, das ungefähr 100 Seemeilen vom Barrier Riff entfernt in der Korallensee liegt. Auf der Fahrt durch das Barrier Riff unternehmen wir fantastische Tauchgänge. Jack entdeckt einen neuen Bommie, und wir tauchen in einem Feld mit riesigen Mördermuscheln, die in geringer Tiefe leben und eine Länge von mehr als eineinhalb Metern aufweisen.

Am Myrmidon Riff treffen wir wieder auf Haie, diesmal kleine Weißspitzenhaie, die unverschämt neugierig sind. Sie begleiten uns auf unserem ganzen Tauchgang. Es ist schon Spätnachmittag, als die Sonnenstrahlen sich schwach an der Riffkante brechen. Da kommen noch ein paar: Es müssen Blauhaie sein. Fasziniert betrachten wir die schlanken, eleganten Körper. Um uns herum tummelt sich eine Vielzahl von Riffbewohnern. Es wird unser einziger Tauchgang vor dem Myrmidon Riff bleiben. An Bord ist jeden Abend etwas los: Vorträge, interessante Videos oder einfach lockere Gespräche.

Am nächsten Morgen liegen wir am Flinders Riff vor Anker. Die See ist spiegelglatt, die Sonne scheint, und die Stimmung an Bord ist dem Wetter entsprechend ausgelassen. Wir haben vor, an einem Steilabhang zu tauchen. Weil man an ihnen vorbeigleiten kann wie ein Drachenflieger, zählen Steilabhänge zu unseren favorisierten Tauchzielen. Die Sicht ist traumhaft, das Wasser schimmert königsblau, ein Fest für jeden Unterwasserfotografen. Wir treiben vorbei an meterhohen Gorgonien. Riesige Schwärme von Riffbarschen und Nashornfischen umgeben uns. Die Steilwand ist übersät mit Schwämmen, Peitschenkorallen in leuchtendem Zitronengelb und Nacktschnecken in einer nie gesehenen Vielfalt. Bei diesem ersten Tauchgang waren wir etwas tief und gehen deshalb bei dem nächsten in flachere Zonen. Wir springen ins Wasser und landen fast auf einer Schildkröte. Sie hat es nicht eilig, gleitet gemächlich vorbei. In unmittelbarer Nähe steht ein Bommie, nur durch einen tiefen Graben von uns getrennt. Auch hier eine Vielfalt an Fischen: Papageien-

Falter- und Kaiserfische in Größen, wie wir sie vorher noch nie gesehen haben.

Die Luft wird knapp und wir müssen auftauchen. Das Gute ist, daß wir so viele Tauchgänge machen können, wie wir wollen. Sogar Nachttauchgänge sind jeden Tag möglich, ein Angebot, das wir uns natürlich nicht entgehen lassen. Am schönsten ist es, wenn in der Dämmerung tagaktive auf nachtaktive Fische treffen, dann herrscht ein unvorstellbares Gedränge unter Wasser. Als wir gegen 22 Uhr noch einmal ins Wasser gehen, ist es stockfinster. Trotz unserer Lampen sehen wir fast nichts, bewegen uns in einer regelrechten Suppe aus Plankton. Trotzdem ist es ein faszinierendes Erlebnis. Wir kommen ganz nahe an schlafende Fische heran. Man könnte sie vermutlich mit der Hand packen, aber das lassen wir bleiben, denn wir wollen die Tiere in ihrer Ruhe nicht stören. Nach jedem Tauchgang werden Tauchzeit und -tiefe in eine Liste eingetragen. Bei mehreren Tauchgängen am Tag ist ein Computer von Vorteil; mit unserer Tabelle haben wir zwar keine Probleme, doch dies Jack zu erklären, der von Computern überzeugt ist, gibt Anlaß zu hitzigen Diskussionen. Wir finden dennoch einen Weg, indem wir ihm eine Deko-Tabelle von uns überlassen, mit der er selbst rechnen kann. Ob er es verstanden hat, wissen wir bis heute nicht, auf jeden Fall mußten wir uns anschließend nicht mehr rechtfertigen. Wir sind abends zum Teil fix und fertig, das häufige Tauchen geht ganz schön an die Kondition. Wir haben traumhaftes Wetter, eine spiegelglatte See, es sind Wetterbedingungen, wie wir sie schon lange nicht mehr hatten. Am nächsten Tag tauchen wir bei einem Bommie. Kurz nach dem Abtauchen trauen wir unseren Augen nicht: Ein riesiger Schwarm Barrakudas zieht hier seine Kreise. Es müssen Hunderte sein. Hinter uns schiebt sich eine Wand silbrig glänzender Makrelen heran. Wir lassen uns in die Mitte nehmen, treiben in einem Karussell silbriger Fischleiber. Wie ein Tunnel öffnet sich der Schwarm, und wir lassen die Wand sich wieder schließen. Welch ein Tauchrevier! Die Barrakudas ziehen weiter ihre Kreise, ein kleiner Hai kommt vorbei, in der Ferne sehen wir große Thunfische. Das Auftauchen nach jedem Tauchgang fällt uns schwer, denn zu vieles gibt es hier zu entdecken. Wir sind jeden Tag bis zu fünfmal unter Wasser gegangen.

Die Tauchgänge in der Korallensee sind durchweg alle vom Feinsten. Wir haben Drift-Tauchgänge gemacht, vorbei an Steilwänden, die in die unendliche Tiefe abfallen. Wir haben Gorgonien gesehen, die so groß waren, daß sich alle Taucher auf unserem Boot dahinter hätten versammeln können. Wir waren ständig umgeben von riesigen Fischschwärmen, ein Abenteuer, das für jeden Taucher mit Sicherheit etwas ganz Besonderes sein dürfte. Auch das Boot ist ein Traum. Es ist eine Spezialität der Australier, mit Katamaranen auf Tauchtour zu fahren, eine fantastische Idee. Jeder hat Platz, ganz gleich, wie viele Taucher auf einmal ins Wasser wollen. Als wir der Spoilsport und ihrer Crew Lebewohl sagen müssen, fällt uns der Abschied schwer. Warum sind einige Europäer enttäuscht vom Großen Barrier Riff? Vielleicht liegt es an den übersteigerten Erwartungen. Natürlich ist hier alles größer, die Fischvielfalt außergewöhnlicher als anderswo, doch für dieses Tauchgebiet braucht man gerade deshalb genügend Zeit, um all seine Schönheit und Vielfalt genießen und ertauchen zu können. Die Korallensee bietet mit Sicherheit all das, was sich ein Taucher unter Wasser zu sehen erhofft. Nehmen Sie sich die Zeit hinauszufahren, es ist ein einmaliges Erlebnis!

Tauchen an der Ostküste Australiens

New South Wales

Die Küstenregion von New South Wales zählt zu den weniger bekannten Tauchgebieten in Australien. Auch wir hatten zunächst nicht vor, hier zu tauchen.

Während unseres zweiwöchigen Tauchtrips im Großen Barrier Riff lernten wir ein Ehepaar aus Sydney kennen, das von hervorragenden Tauchplätzen an der Küste von New South Wales schwärmte, die bei australischen Tauchern beliebt und bekannt seien. Da wir ohnehin vorhatten, mit dem Auto von Gladstone bis Sydney zu fahren, wurden wir neugierig und fragten nach den besten Zielen. Wir erfuhren, daß man in Byron Bay mit ziemlicher Sicherheit einen Wobbegong-Hai sowie die kuriosen Port-Jackson-Haie antreffen könne. In Forster, einem weiter im Süden liegenden Tauchgebiet, hätten die furchterregenden Sandtigerhaie, hier Grey Nurse genannt, ihr Revier. Und schließlich böten South West Rocks Gelegenheit in Höhlensystemen zu tauchen. All dies reizte uns natürlich sehr. In einem Tauchshop erkundigten wir uns eingehender über diese beliebten Tauchgründe. Wir telefonierten mit verschiedenen Tauchbasen und hatten Glück. Wir mußten nicht vorausbuchen und konnten recht gemütlich, ohne Zeitdruck die Küste von New South Wales in Richtung Süden hinunterfahren. Gleich unter der Staatsgrenze von Queensland liegt der Fischer- und Badeort Byron Bay, der östlichste Punkt Australiens zum Kontinental-Schelf hin. Sehr schnell erfahren wir, daß Byron Bay zu den »top-divesides« Australiens zählt. Die ungewöhnlich vielfältige tropische Unterwasser-Fauna und -Flora von Byron Bay hat diesen Küstenabschnitt weit über die Grenzen Australiens hinaus bekannt gemacht.

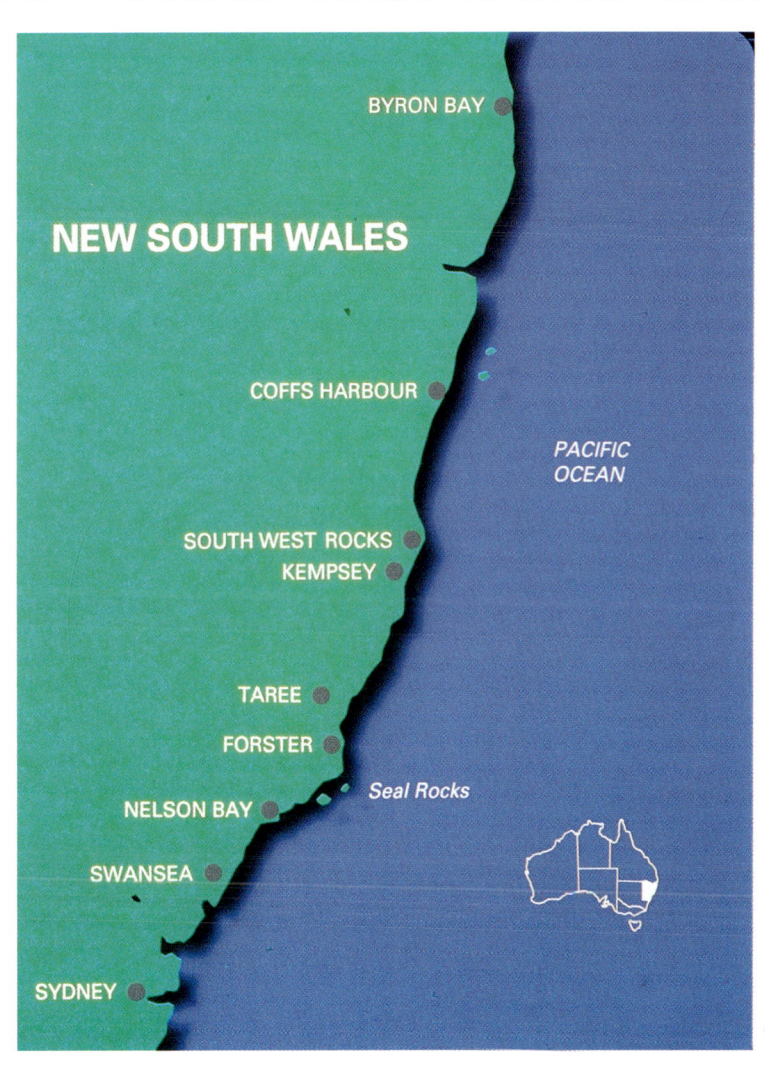

Julian Rocks, 1981 zum Unterwasser-Reservat erklärt, wartet mit einem Fischreichtum auf, der seinesgleichen sucht. Auf einer Fläche von rund 100 Hektar ist so ziemlich alles zu sehen, was in dieser Region an Lebewesen vorkommt. Dazu zählen nicht nur eine Unmenge verschiedenster Fische, sondern auch eine Vielfalt außergewöhnlicher Weichkorallen. Hier trifft auch die kalte Tasman Sea mit dem nördlichen Korallenmeer zusammen, was bedeutet, daß man Korallen und Kelpwälder zusammen vorfindet. »Mackeral Boulders«, ein leichtes Steilwand-Gebiet, ist bekannt dafür, daß man hier neben gigantischen Zackenbarschen auch Meeresschildkröten, Sandtiger- und ab und zu auch Walhaie beobachten kann. Insgesamt bietet Byron Bay ungefähr sechs Tauchplätze der obersten Spitzenklassen an. Übrigens wurde das Hinterland von Byron Bay berühmt durch den Schauspieler Paul Hogan – Crocodile Dandee läßt grüßen.

Ein Nervenkitzel ganz anderer Art sollte uns Dale Fanning, Tauchlehrer in South West Rocks, bieten: Neben normalen Tauchgängen bietet er auch Höhlentauchen an. Fishrock Cave ist ein berühmter Ort in der australischen Taucherwelt, der uns ungemein reizte, da wir noch nie in einer richtigen Höhle getaucht hatten. Es handelt sich hierbei um ein Höhlensystem von ungefähr 120 Metern Länge; die einzelnen Höhlen sind zum Teil durch Gänge mit einem Durchmesser von etwa einem Meter mit einander verbunden sind. Was uns in den Höhleneingängen erwartet, ist einmalig in Australien: die Grey-Nurse-Haie, sind hier zu Hause. Für die Höhlen im Mount Gambier Gebiet im Süden Australiens benötigt man eine bestimmte Ausbildung und ein Zertifikat für Höhlentauchen. Hier bei Dale bekommen wir einen Führer, und die Höhlen entsprechen einem Standard, bei dem es noch ohne Zertifikat möglich ist zu tauchen. Allerdings vermuten wir, daß bei dem Haiaufkommen um die Höhlen eher gute Nerven erforderlich sind. Wir nehmen uns zwei Tage Zeit und mieten uns im Costa Rica Motel ein, das zur Tauchbasis gehört. Dale führt eine ausgezeichnete Tauchbasis, und speziell am Wochenende, so erfahren wir, ist er fast immer ausgebucht. Dies dürfte auch der Grund sein, weshalb er auf Werbung verzichten kann, denn seine Basis zählt zu den offenen Geheimtips bei australischen Tauchern. Mit Landrovern fahren wir von der Basis aus zur Anlegestelle der beiden Sharkcat Diveboats. Sie sind ungefähr sieben Meter lang und mit allem ausgestattet, was notwendig ist. Mit uns sind noch sechs weitere Taucher am Bord. Ausgestattet mit Scheinwerfen und Kameras versuchen wir, bei ziemlich starken Wellen am Fishrock Cave vor Anker zu gehen. Mehrere Versuche schlagen fehl. Wir entscheiden uns, frei abzuspringen. Nachdem wir abgesprochen haben, uns am Eingang der Höhle zu sammeln, geht's ab in die Tiefe. Die Tauchgründe von South West Rocks befinden sich bereits mitten in der kalten Tasman Sea. Das sollten wir auch sofort spüren: Der Kontakt mit dem nassen Element war ein Schock, das kalte Wasser war mehr als erfrischend.

Aufgrund der heftigen Strömung haben wir etwas Mühe, zum Eingang der Höhle in fünf Metern Tiefe zu gelangen. Doch schließlich ist es geschafft. Wir kontrollieren unsere 50-Watt-Scheinwerfer und schwimmen in die Höhle hinein. Gleich hinter dem Eingang erwarten uns dann auch schon die ersten Sandtigerhaie. Ehrfürchtig tauchen wir ganz langsam an den etwa zwei Meter langen Haien vorbei. Wer einmal das Maul eines Sandtigers gesehen hat, wird unsere Vorsicht verstehen. Das furchterregende Gebiß mit den vorstehenden Hackenzähnen hält jeden Taucher in Atem. Doch sind die Sandtigerhaie gottseidank nicht so gefährlich, wie sie aussehen. Leider werden sie wegen ihres Aussehens mit tödlichen Angriffen auf Menschen fälschlicherweise in Verbindung gebracht und gnadenlos abgeschlachtet. Ihr Bestand ist heute ernsthaft gefährdet, und sie benötigen dringend Schutz zur Erhaltung ihrer Art.

Im Inneren der Höhle sehen wir im Scheinwerferlicht kleine Gruppen von Barschen, die sich in der schwachen Strömung das Wasser durch die Kiemen spülen lassen. Hier in der Höhle ist es eng und dunkel. Je weiter wir hineintauchen, desto komischer fühlen wir uns. Im Inneren sehen wir keine Fische mehr. Die Wände sind mit Muscheln bewachsen, auf dem Grund liegen leere Schalen von Kaurimuscheln. Wir stecken uns eine für Alexandra ins Jacket. 20 Minuten dauert unser Höhlenaufenthalt nun schon. Das Wasser kommt uns noch kälter vor als draußen. Unser Führer läßt uns nicht ganz durchtauchen, wir drehen alle gemeinsam um und tauchen zurück zum Ausgang. Es ist keine Höhle mit großen Kammern, die Kathedralen gleichen, es ist mehr oder weniger ein enger Schlauch, in dem man sich nur mit Mühe drehen kann.

Fishrock Cave ist ein Felsen, den man unter Wasser durchtauchen kann. Für Anfänger geht es 25 Meter in die Höhle hinein bis zum ersten Luftloch, in dem man den Kopf aus dem Wasser heben kann, um zu atmen. Dann folgt ein 65 Meter langer Tunnel, und nach weiteren 25 Metern taucht man auf 24 Meter Tiefe wieder auf der anderen Seite der Höhle heraus. Für uns war es ein aufregendes Erlebnis, wenngleich wir eigentlich mehr mit uns selbst beschäftigt waren, als damit, die Umgebung zu beobachten.

Von Dale erfahren wir nochmals, daß wir unbedingt auf unserer Fahrt nach Sydney in Forster haltmachen sollten. Dort gibt es die größten Vorkommen der Sandtigerhaie. Es wird dort sogar unterrichtet, wie man sich Haien gegenüber zu verhalten hat. Tja, wir wollten sowieso dorthin, und die Sandtigerhaie haben uns schon hier sehr gut gefallen. Also, nichts wie auf.

Silvester 1990 erreichen wir Forster, das mit dem Örtchen Tuncurry zusammengewachsen ist. Beide Ortschaften sind heute durch eine Brücke miteinander verbunden.

Für Neujahr um 10 Uhr schreiben uns in Forster Harbour zum Tauchgang ein.

Pech, hier, an diesem berühmten Platz für Sandtigerhaie, sehen wir dann an diesem Neujahrsmorgen »keine«. Nun ja, wenigstens haben wir mit viel Glück einen Port-Jackson-Hai gesehen. Diese wandern eigentlich im Frühjahr in Massen in diese Region, während sie den Rest des Jahres in tieferen Regionen des Meeres verleben. Er ist übrigens verwandt mit dem kalifornischen Stierkopfhai und wird ungefähr einen Meter lang. Port-Jackson-Haie sind angenehme Zeitgenossen und kommen nur südlich vom Wendekreis des Steinbocks vor. Sie haben an der Rückenflosse kräftige Stacheln. Mit ihrem unterständigen, wulstigen Maul können sie Krebstiere auf dem Meeresgrund erbeuten. Auch bei Port-Jackson-Haien ist Vorsicht geboten. Ihre Stacheln sind giftig,

Lähmungserscheinungen, Entzündungen und Infektionen bei Stichverletzungen wurden schon registriert.

Nach einer Woche Tauchen an der Küste von New South Wales können wir sagen, es hat sich gelohnt.

Tauchen in Süd-Australien

Kangaroo Island – Raue Küste und einsame Tauchgründe

Wir stehen im weißen Sand an der Seal Bay und fotografieren ein kleines Rudel von 80 bis 100 australischen Seelöwen, die sich träge in der Sonne aalen. Sie nehmen wenig Notiz von uns, und wir können ungehindert das eine oder andere Porträt anfertigen. Wir fragen den Ranger, der die Kolonie betreut, wie viele Seelöwen auf Kangaroo Island leben?

Er konnte uns diese Frage nicht beantworten, aber rund 50 Seelöwen seien in der

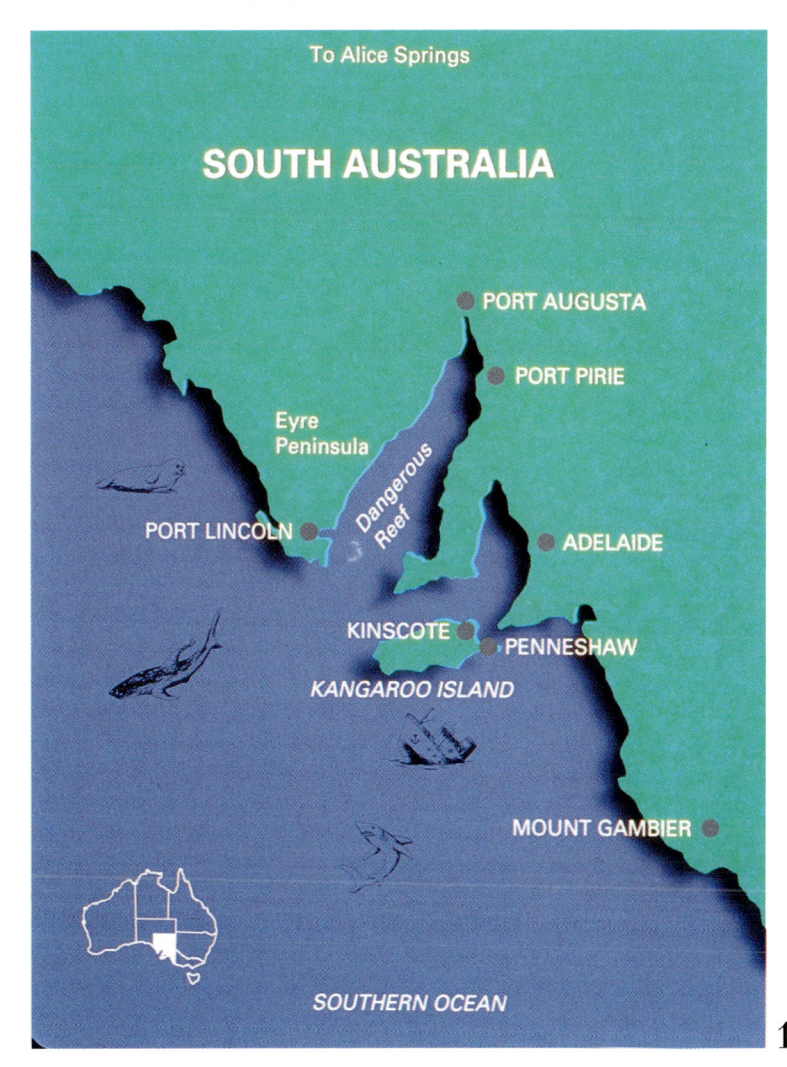

Seelöwe auf Kangaroo-Island.

vergangenen Woche von White Pointer, den Weißen Haie gefressen worden. Vor Kangaroo Island wimmelt es nur so von Weißen Haien. Diese drittgrößte Insel Australiens liegt südlich der »Cold-Roaring-Forties«, des 40. Breitengrades, am Anfang des St. Vincent Golfs. Hier beginnt die Kaltwasserzone Australiens. Aufgrund ihrer Lage und des ständigen Windes ist Kangaroo Island nur mit niedrigen Büschen bewachsen. Es gibt mehrere Möglichkeiten, die Insel zu erreichen, wir wählten die einfachste, bequemste und zugleich schnellste Art, nämlich mit dem Flieger von Adelaide aus. Doch so einfach wie angenommen war es dann doch nicht: Mit 160 Kilogramm Gepäck landeten wir auf dem Flughafen von Adelaide. Sogleich erkundigten wir uns nach dem Anschluß Richtung Kangaroo Island. Ratlos musterte die Dame am Informationsschalter unsere Tickets von Air-Kangaroo-Island und teilte uns mit, eine Fluggesellschaft dieses Namens existiere nicht. Wir waren geschockt, hatte man uns doch versichert, daß wir nicht

Fairy-Pinguin auf Kangaroo-Island.

einmal den Flughafen verlassen müßten, um von der Air-Kangaroo-Island zur Insel weiterbefördert zu werden. Am besten befragten wir einen der Taxifahrer, schlug die freundliche Dame vor. Wir verteilten 160 Kilogramm Gepäck auf mehrere Kofferwagen und rollten zum Taxistand. Kein Problem, meinte der Taxifahrer und verstaute unser Gepäck im Wagen, Air-Kangaroo befinde sich am anderen Ende des Airport. Nach zehn Minuten kamen wir an einem alten Abfertigungsgebäude an und stellten gemeinsam fest, daß Air-Kangaroo hier offensichtlich schon seit Jahren nicht mehr präsent ist. Der Taxifahrer fragte bei seiner Zentrale nach, offenbar mit mäßigem Erfolg. Eine weitere halbe Stunde kutschierte er uns mehr oder weniger planlos auf dem Airport umher, bis wir die neue Abfertigungshalle von Air-Kangaroo doch noch fanden. Natürlich, wir ahnten es bereits, war niemand da, das Gebäude wie ausgestorben. Kein Schild, kein Hinweis. Unserem freundlichen Taxifahrer war die Sache mittlerweile peinlich, er erkundigte sich beim Flying-Doctor-Service nebenan und erfuhr, daß Air-Kangaroo erst heute nachmittag gegen 15 Uhr fliegen würde. Es war 11 Uhr morgens. Wir waren also richtig, wenn auch vier Stunden zu früh. Doch mittlerweile mißtrauisch geworden, baten wir den Taxifahrer, er möge gegen 15 Uhr doch besser mal vorbeischauen, ob wir auch wirklich abgeflogen wären. Gegen halb drei tauchte dann tatsächlich eine Mitarbeiterin von Air-Kangaroo auf und wollte unser Gepäck einchecken. 160 Kilogramm, stellte sie entgeistert fest, das sei absolut zu viel für eine Maschine mit sechs Sitzplätzen. Nach langem Hin und Her erklärte sie sich dann doch bereit, unser Gepäck mitzunehmen, weil zwei Sitzplätze frei seien. Allerdings mußten wir dafür auch zwei Tickets zusätzlich zahlen. Als wir dann bei wunderschönem Wetter über Adelaide hinaus über die australische Bucht flogen, war der ganze Streß vergessen. Nach einem kleinen Schwenk über die Insel landeten wir auf einem Acker. Wir dachten, wir seien am Ende der Welt. Dave, der Inhaber des Sorrento Island Ressorts, stand mit seinem Minibus bereit, um uns abzuholen. Bei ihm wollten wir die nächste Woche verbringen.

Kangaroo Island ist ungefähr 130 Kilometer lang und etwa 50 Kilometer breit. Die drei

Ortschaften Kingscote, American River und Penneshaw sind zugleich Ausgangspunkte für die Inselbesichtigung. Dave hatte für uns bereits drei Ausflüge organisiert, und so konnte wir uns schnell einen Überblick verschaffen, was es auf der Insel zu sehen gibt. Die Nordküste ist ruhig und sandig. Wer es sich zutraut, findet hier traumhafte Buchten zum Schwimmen. Die Südküste dagegen ist zum Baden ungeeignet: Ungebremst rollt die Brandung an die Küste, das Wasser ist kalt, der Einfluß der Antarktis deutlich spürbar. Als wir später an den Klippen von Cape Gantheaume stehen, wird uns sofort klar, daß hier an Tauchen nicht zu denken ist. Wir erkundigen uns bei Adventure-Land-Diving-Service in Penneshaw und erfahren, daß man nur an ganz bestimmten Stellen tauchen könne; tiefer als 15 Meter wegen der Strömungen und vermutlich auch wegen der Weißen Haie ohnehin nicht. Wer allerdings nach Wracks tauchen möchte, kommt auf Kangaroo-Island voll auf seine Kosten. 15 bis 20 Meter Sicht sind keine Seltenheit. Bei den Seelöwen zu tauchen, ist allerdings streng verboten! Auf Kangaroo Island hatten wir das erste Mal Gelegenheit, Koala-Bären in freier Wildbahn zu fotografieren, auf Eukalyptus- und nicht, wie in den vielen Parks, auf künstlichen Bäumen. Känguruhs laufen auf der ganzen Insel herum, daher auch ihr Name. Daneben sind auf Kangaroo Island noch Tierraritäten zu bestaunen, wie z. B. die Fairy-Pinguine. Die etwa 40 Zentimeter großen Pinguine leben in Erdhöhlen, die sie allerdings nur nachts aufsuchen; tagsüber halten sie sich im Wasser auf, um nach Fischen zu jagen. Direkt vor unserem Hotel haben sich die Pinguine angesiedelt. Besonders unserer Tochter bereitete die allabendliche Suche nach den Höhlenbewohnern großes Vergnügen. Mit einem sehr viel selteneren Tier kann Kangaroo Island auch noch aufwarten, dem Platypus oder Schnabeltier, eine eierlegendes australisches Säugetier mit Schwimmhäuten zwischen den Zehen und mit einem entenartigem Schnabel.

Mit etwas Glück kann man den Platypus bei Flinders Case, einem Nationalpark, beobachten. Und gerade hier sahen wir das erste Mal auch ein Opossum, das Glück, einen Platypus zu sehen, hatten wir leider nicht.

Jedem Australienbesucher können wir

nur raten, wenn möglich Kangaroo Island zu besuchen. Neben der Flugverbindung ist die Insel auch mit der Autofähre von Port Lincoln oder Adelaide aus zu erreichen. Wir haben zwei herrliche Tauchgänge auf Kangaroo Island erlebt und konnten uns somit einen kleinen Überblick der Unterwasserwelt im Süden Australiens verschaffen. Kangaroo Island bietet nicht nur unter Wasser fantastische Tauchgründe, auch über Wasser ist die Insel mit ihren herrlichen, landschaftlich reizvollen Naturparks und einzigartigem Tiervorkommen ein unbedingtes Muß!

Tauchen in West-Australien

Mit rund 840.000 Quadratkilometern Fläche nimmt West-Australien ein Drittel der Landmasse Australiens ein. Die Küste ist über 12000 Kilometer lang. Wer das Land bereist, kommt durch mehrere Klimazonen: Tropenklima im Norden, naß-kalte Regionen im Süden, trockene Wüste in der Mitte. Die Küste ist ebenso vielgestaltig. Es gibt Steilkliffe in der großen Australischen Bucht, Granitfelsen und Kliffe in Albany, Sandküste in Perth, ein Korallen-Barriere-Riff im Ningaloo Riff sowie Mangroven in den Kimberlys. Nur 1,6 Millionen Menschen leben in diesem großen Land, verschwindend wenig. Nennenswerte Industrie fehlt, von Landwirtschaft und Minen einmal abgesehen. Die Regierung hat schon früh damit begonnen, sich um den Schutz des Landes und der Küste zu kümmern. Zu Recht sagte J.M. Cousteau einmal: »West-Australien hat die sauberste und unberührteste Küste, die ich gesehen habe.« 1616 wurde West-Australien durch den holländischen Kapitän Dirk Hartog entdeckt, der seinerzeit als erster Europäer vor Shark Bay eine Insel betrat, heute: Hartog Island – immerhin 150 Jahre vor Kapitän James Cook.

Die westaustralische Küste ist sehr sandig, hat kaum natürliche Häfen und wenig Regen. Das alles hat die Erschließung mit Industrie verzögert. Über 1000 Schiffswracks soll es hier geben, von denen bis heute erst 300 entdeckt wurden. Eines der ersten und gleichzeitig das Bekannteste ist die Batavia, die 1629 in den Houtman Abrolhos gesunken ist.

Perth

Perth ist mit rund einer Million Einwohnern die größte Stadt in West-Australien und dennoch die einsamste Stadt der Welt. Bis Adelaide, der Nachbarstadt, muß man 2000 Kilometer fahren. Perth liegt am Swan River, der an manchen Stellen bis zu 3 Kilometer breit und 20 Meter tief ist und brackiges Wasser führt. Man kann ihn gut von Land aus betauchen. Obwohl der Swan River mitten durch Perth fließt, ist er dennoch relativ sauber und daher ideal für Nachttauchgänge. Man sieht Flunder, Steingarnelen und Krebse im Fluß, ab und zu auch schon mal Delphine. Seepferde sind eine Attraktion für Taucher: Sie können sich zwar gut der Umgebung anpassen, aber wer aufmerksam ist, kann während eines Tauchganges bis zu 20 Exemplare finden. An einigen Stellen können Schiffwracks betaucht werden. Ein weiterer Anziehungs-

158 Seepferdchen im Swan-River, mitten in Perth, Westaustralien.

Grundel-
fisch.

punkt ist »Blackmoor Ridge«, ein Kalksteinfelsen mit Höhlen über und unter Wasser. Hier ist alles versammelt: Schiffwracks, Autos, Fahrräder, Seepferde und Krebse. An der Meeresküste von Perth liegen einige Tauchplätze, die vom Strand aus leicht zu erreichen sind. Der Bekannteste heißt »North Mole«. Direkt am Hafen, 150 Meter vom Land entfernt, liegt in 8 Metern Tiefe ein Wrack, das noch gut erhalten ist. Hier leben viele kleine Port-Jackson-Haie, die etwa 30 cm lang werden. Ein paar Kilometer Richtung Norden am Cottesloe Beach kann man zwischen Dezember und April Seedrachen und Leaf-Seedrachen im Seegras beobachten. Man muß allerdings etwas suchen, denn Tarnung ist ihre Spezialität. Etwas weiter in Sorrento findet man den »Marmion Marine Park«, der mit Kalkstein-Riffen und Unterwasserhöhlen in Tiefen bis zu 20 Meter hervorragende Tauchziele bietet. Hier liegt »Little Island«, wo 15 Seelöwen leben. Ein Tauchtrail ist mit 10 Unterwassertafeln eingerichtet worden, die von der Strömung über Pflanzen bis zu den Fischen erklären, was zu sehen ist. Das Wasser ist etwa 18 Grad warm.

Rottnest

Rottnest Island liegt 19 Kilometer von Perth entfernt; die Insel ist 11 Kilometer lang und 3 Kilometer breit und von Büschen überwuchert. Hier, wo noch einsame Strände locken, lebt eine kleine Art von Känguruhs, die »Quokkas«, die sich von der Hand füttern lassen. Bei Rottnest Island befinden sich die besten Tauchplätze in der Gegend von Perth. Im Süden von Rottnest ist die eigentliche Wetterseite, mit steilen Abhängen bis zu 20 Metern Tiefe, mit Lobstern und Kelpwäldern. Hier ruhen viele Wracks, die das maritime Museum mit Tafeln gekennzeichnet hat auf denen Schiffsnamen, Datum und Umstände des Untergangs notiert sind. Rottnest verfügt über zwölf derart markierte Wracks, das Bekannteste liegt in 6 Metern Tiefe, die Macedon, 1883 in der Thompsons Bay gesunken, als bei einer Bergungsaktion auch noch das Bergungsboot unterging. Auf der nördlichen Seite liegt Rowe Reef, das sowie einige Korallen, tiefe Höhlen und Kanäle aufweist. Im Nordwesten liegt Cathedral Rock, einer der schönsten Tauchplätze überhaupt: in 5 Metern Tiefe liegt

Kanariengelber Haarstern.

An der Westseite von Rottnest kann man leider nur selten tauchen, weil hier die Wellen in der Regel zu hoch sind und es keine Riffe gibt, hinter denen man Schutz suchen kann. Dafür tummeln sich hier viele große Fische, wie Haie, Rochen und Thunfische, aber auch farbige Schwämme und schwarze Korallen kommen hier vor. Auf Rottnest Island kann man das ganze Jahr über vom Boot austauchen, das meistens von Fremantle aus zu Tagestouren startet.

Im September und Oktober kann man Buckelwale antreffen, die hier auf ihrem Weg in den Süden vorbeikommen, Delphine gibt es hier das ganze Jahr über. Allerdings begegnet man ihnen nur selten.

der Eingang einer Höhle, die einer Riesenhalle gleicht. An der Decke dringt das Tageslicht durch kleine Löcher in Strahlen herein. Man hat das Gefühl, in einer Kathedrale zu tauchen.

Abrolhos

Abrolhos ist portugicsisch und bedeutet »öffne deine Augen«. In der Nähe vom Kontinental Shelf, etwa 50 Kilometer westlich von Gerald-

Folgende Doppelseite:
Links tauchen wir in einer Geweihkorallen-Landschaft, während wir rechts Tom Jäger an seinem Hausriff sehen – Abrolhols-Islands.

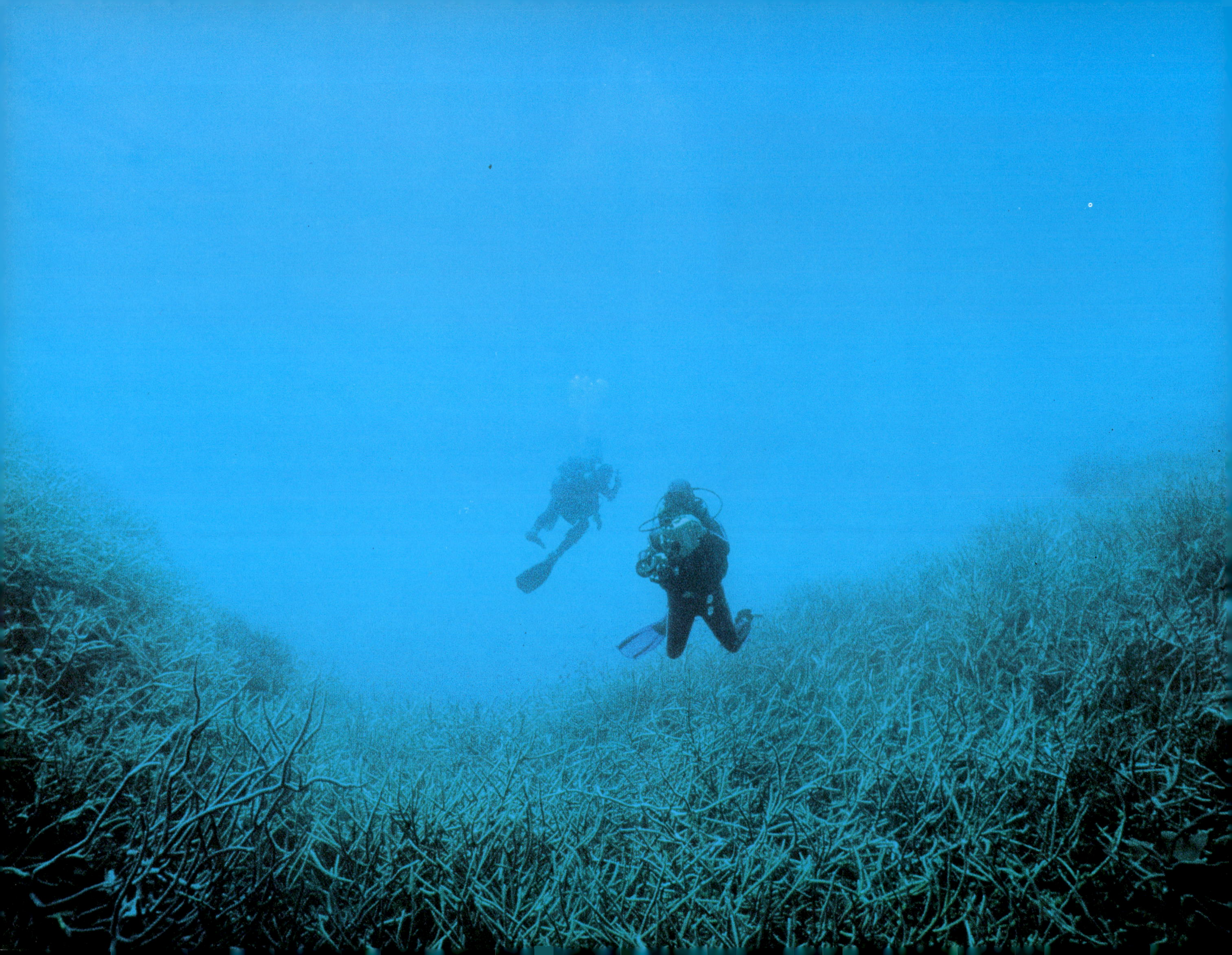

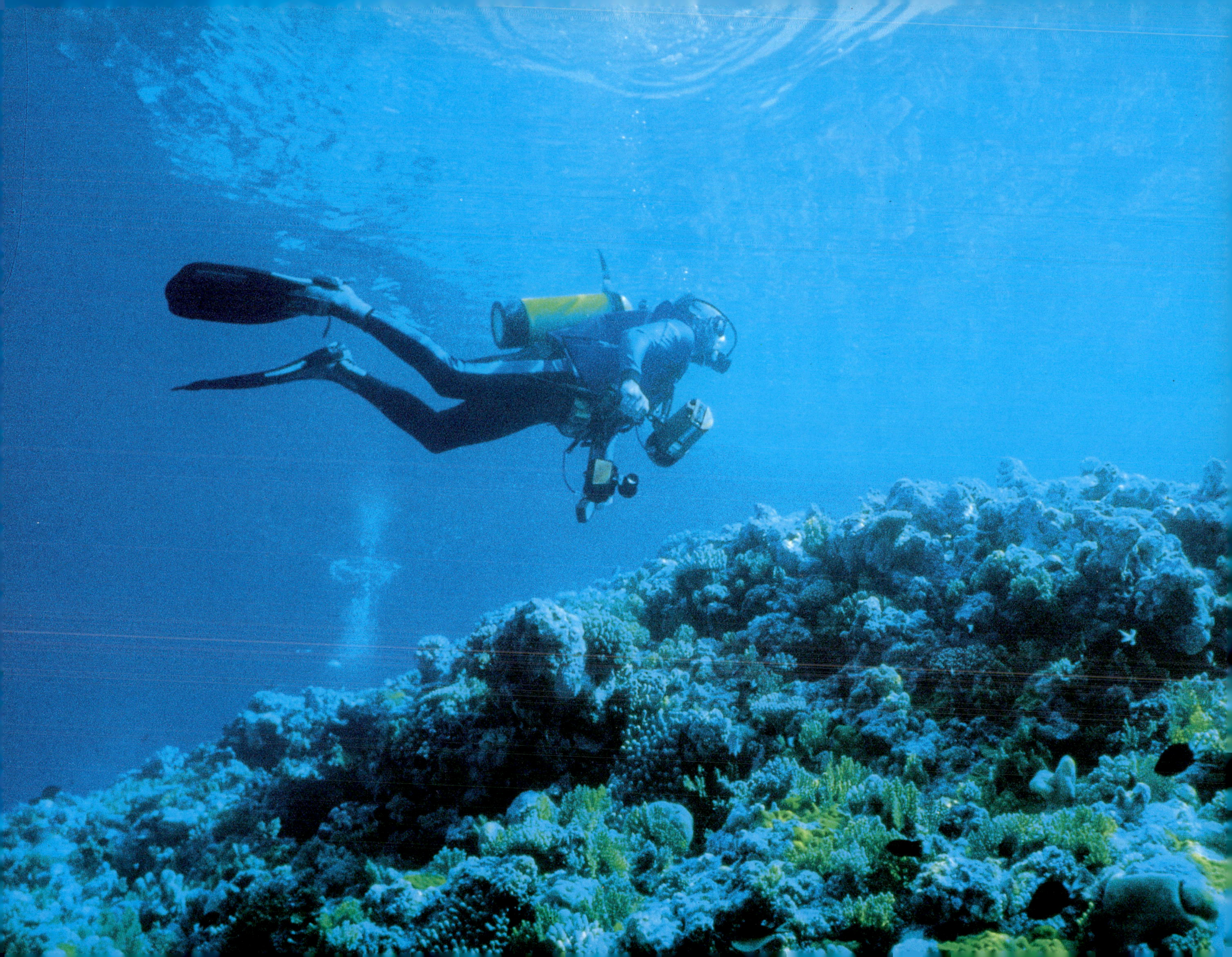

ton, liegen die Abrolhos-Inseln, ein Top-Tauchgebiet an der Westküste Australiens. Sie bestehen aus einer Serie von Sand- und Kalksteinfelsen, umgeben von einem komplizierten Labyrinth aus Korallenriffen. Einige der größeren Inseln waren während der letzten Eiszeit mit dem Festland verbunden. Eine Reliktflora und -fauna hat sich hier erhalten. Auf einigen Inseln existieren Brutkolonien von Seevögeln, die unter Schutz stehen. Die Abrolhos-Inseln sind bekannt geworden durch ihre Korallenriffe. Das Wachstum der Korallen ist seit der Eiszeit einige Male unterbrochen worden. Die Inseln liegen südlich vom 28. Breitengrad, also weit südlich der Tropenzone. Dennoch sind die Riffe reich an Korallen und tropischen Fischen und gehören auch wegen der klaren Sicht zu den besten Tauchrevieren Australiens. Die marine Lebenswelt der Abrolhos-Inseln verdankt ihre Existenz der Leeuwin-Strömung, die warmes Wasser und Larven von tropischen Pflanzen und Tiere von den Riffsystemen im Norden in den Süden bringt. Es kommen aber auch viele Kaltwassertiere und -pflanzen vor, die die Abrolhos-Riffe zu einem seltenen und interessanten Ort machen. Hoch ist der Anteil an braunen Algen, die in großen Mengen organisches Material erzeugen, dies wiederum sorgt für eine höhere Bioproduktion als in den tropischen Riffen. Erst in den letzten zehn Jahren wurden die Abrolhos-Inseln eingehender erforscht. Vier Monate im Jahr werden hier Lobster gefangen – ein Millionen-Dollar-Geschäft, denn diese Hummerart ist eine Feinschmeckerdelikatesse. In der Fangsaison arbeiten die Fischer rund jeden Tag um die Uhr. Jeder hat einen eigenen Bezirk, in dem er täglich seine Fangkörbe auslegt und kontrolliert. Ihre Familien leben solange in kleinen Häusern auf den Inseln, und für die Kinder gibt es sogar eine Schule, für die Erwachsenen eine Kneipe.

Die gefangenen Lobster werden in Kisten ins Meer gehängt, zwei- bis dreimal pro Woche kommt ein Versorgungsboot, das sie abholt und nach Geraldton transportiert. Dort werden sie in Eis verpackt und lebend in die ganze Welt verschickt. Für Taucher ist das Übernachten oder Campen auf den Inseln verboten. Tagestrips zu den Inseln, aber auch mehrtätige Fahrten auf größeren Booten werden angeboten.

Während der Fischsaison sind alle Boote zum Lobsterfangen eingesetzt. Die »Talarook« ist das einzige größere Boot, das vier- bis achttätige Tauchtouren unternimmt.

Sie liegt im Hafen von Geraldton, 4 bis 5 Autostunden von Perth entfernt und in einer halben Stunde mit dem Flugzeug von Perth aus zu erreichen.

Zu den Abrolhos gehören insgesamt rund 100 Inseln, die in drei Gruppen unterteilt werden: Die Pelsart-, Easter- und Wallaby-Gruppe, von denen es jede wert ist, betaucht zu werden. Das Wasser ist im Schnitt 22 Grad warm.

Die Pelsart-Gruppe liegt am weitesten südlich. Mit viel Glück kann man hier Killerwalen begegnen; auch Weiße Haie sind hier, wenn auch nur selten, gesichtet worden. Die Mischung von Kelpalgen und Korallen ist hier am außergewöhnlichsten. In der Regel ist die Sicht unter Wasser klar; tropische Fische schwimmen oben an den Riffen, in den Algenwäldern tümmeln sich Kaltwasserfische. Bei der Pelsart-Gruppe liegen die Wracks der Zeewijk, 1727 am Halbmondriff gesunken, der 1842 gesunkenen Ozeanqueen, die der Marten und der Ben Ledi untergegangenen 1878 bzw. 1879. Auch australische Seelöwen, um die Jahrhundertwende wegen ihres Felles gejagt, sind hier anzutreffen. An der Außenseite der Riffe findet man steile Abhänge, die bis auf 100 Meter Tiefe abfallen. Begegnungen mit großen Fischarten der Hochsee sind nicht selten.

Die Easter-Gruppe, die mittlere Inselgruppe, wie sie normalerweise genannt wird, ist das eigentliche Zentrum der Lobsterindustrie. Wenn die Strömung zwischen den Inseln stark genug ist, kann man sich an den Steilwänden vorbeitreiben lassen. Hier gedeiht eine größere Zahl von Korallen. Bei Suomi-Island fällt eine Steilwand auf 40 Meter Tiefe ab. Die Riffe sind völlig intakt, nicht einmal eine Spur von einem Anker oder einer abgebrochenen Koralle ist zu sehen. Auf der nördlichen Seite wachsen Kohlkopfkorallen, soweit das Auge reicht. Gleich nebenan liegt ein kleines Riff, das völlig aus Geweihkorallen aufgebaut ist; an der Innenseite befindet sich ein 20 Meter tiefer und 10 Meter breiter, senkrechter Tunnel, der an der Innenseite ganz aus

Geweihkorallen besteht. Nördlich, in der Mitte zwischen Leo Island und Suomi Island, liegt das Anemonenriff mit der wohl größten Ansammlung von Anemonen- und Clownsfischen.

In der nördlichen Wallaby-Gruppe ist 1629 die Batavia gesunken. Ein Teil der Besatzung und der Passagiere hat auf den fast unbewachsenen Inseln ein Jahr überlebt, während der Kapitän mit seinen Offizieren in einem Rettungsboot nach Indonesien segelte, um Hilfe zu holen. Als sie ein Jahr später zurückkehrten, bot sich ihnen ein grauenhaftes Bild: 126 Leute waren von der restlichen Besatzung ermordet worden. Auf den umliegenden Inseln sind heute noch die Gräber zu sehen, auf einer die Überreste eines Gefängnisses, in das die festgenommenen Meuterer gesperrt wurden. Das Wrack der Batavia kann bei gutem Wetter betaucht werden. Es liegt in ca. 3 Metern Tiefe; man kann noch zwei Kanonen und zwei Anker sehen. An der nördlichen Seite von Wallaby-Island ist ein Tauchplatz, an dem man große Feuerfische finden kann. Sie leben zwischen tiefen Korallenkliffen in einer Tiefe von 15 Metern und werden bis zu 20 Zentimeter groß. Vor der Insel befindet sich ein Riff, daß wie ein Käse mit Höhlen durchlöchert ist. Hier ist die einzige Stelle, wo bei den Abrolhos Haie gesehen wurden. Haie gibt es hier überall, auch Tigerhaie wurden schon gesehen. Korallen sind in der Wallaby-Inselgruppe gut entwickelt und weit verbreitet. Es gibt hier mehr Arten als auf den beiden anderen Gruppen. Beste Tauchzeit für die Wallaby-Gruppe ist von November bis Mai. Wer das Laichen der Korallen beobachten will, hat hierzu im März Gelegenheit.

Esperance

In Esperance zu tauchen gehört zum Aufregendsten, was Australien zu bieten hat: Bootstauchgänge im Reserve Archepelago, das aus rund 200 Inseln besteht, oder Tauchen an Stränden, die nur mit Allradfahrzeugen zu erreichen sind. Zum Problem kann das Wetter werden, wenn Sturmausläufer aus dem südlichen Ozean die Inseln erreichen.

Unter Wasser ist Esperance ein wahres

Wunderland. Man trifft große Gorgonien-Korallen, fast zahme blaue Grouper, die wohl noch nie Taucher gesehen haben und neugierig jeden Besucher beäugen. Man kann Abalone-Muscheln und Seelöwen finden und mit etwas Glück von Oktober bis November Bukkel- und Killerwale in Küstennähe schwimmen sehen. Das Tauchen vom Land aus ist möglich. Nach 100 Meter breitem Sandgrund fällt der Untergrund auf 20 Meter ab, das Gebiet ist ideal für Liebhaber von Nacktschnecken. Es hat prachtvolle Steilwände und eine klare Sicht. Die beste Tauchzeit ist Sommer bis Herbst. Das Wasser ist hier allerdings relativ kalt.

Albany

Seitdem der Walfang in Australien eingestellt wurde, sind in Albany Haie seltener geworden. Im natürlichen Hafen von Albany wurden die ersten Unterwasser-Filmaufnahmen von Weißen Haien beim Fressen von Walen gedreht. Heute ist die Walfabrik ein Museum.

Im Hafen liegt als Tauchattraktion eines der Walfangboote auf Grund, das ganzjährig, selbst bei Sturm betaucht werden kann. Das Schiff ist mitsamt der Harpunierbrücke gut erhalten und kann auch im Inneren erkundet werden. Tauchen in Esperance und Albany ist sowohl von Land aus als auch bei Tagestouren von kleinen Booten aus möglich.

Shark Bay & Ningaloo Reef

Shark Bay ist bekannt wegen der Delphine in Monkey Mia, die jetzt schon seit 1962 fast täglich an den Strand kommen und sich von Menschen füttern und streicheln lassen. Weniger bekannt ist, daß hier rund 5000 Dugongs leben, die friedlich Seegras fressen. Es ist nicht leicht, nahe genug an die sehr scheuen Tiere heranzukommen. Am einfachsten ist es, sie per Flugzeug zu suchen. Dugongs gehören zur Familie der Gabelschwanzseekühe. Sie werden 3 bis 5 Meter lang und bis 300 kg schwer. Sie bevorzugen seichte Buchten, in denen es reichlich Seegras zu fressen gibt.

Taucher im Korallenriff.

Reiches Korallenriff im Westen Australiens, Abrolhols-Islands.

Dugongs gehen nicht an Land; sie tauchen einmal in der Minute auf, um Luft zu atmen, und sinken dann langsam wieder in die Tiefe.

In der Nähe von Shark Bay liegt Hamlinpool. Dort kann man Stromatolites finden, die wohl ältesten Lebewesen auf der Erde mit einem Alter von etwa 4000 Jahren. Für den Laien sehen sie aus wie Felsbrocken im Meer, aber sie wachsen immer noch. Von Monkey Mia kann man nach Dirk Hartog Island segeln und dort an der Nordküste tauchen. In Dirk Hartog, der ältesten bekannten Insel Australiens, gibt es eine Menge Unterwasserhöhlen, und da hier fast nie jemand taucht, kommen sogar die großen Grouper aus den Höhlen, um sich die Taucher anzusehen. Von hier aus erreicht man im Norden das Ningaloo Reef, das 250 Kilometer lang und damit das größte Barrier Riff im Indischen Ozean ist. Es liegt nahe vor der Küste, an manchen Stellen nur 50 Meter entfernt. Trotz der Nähe ist das Riff noch nahezu unberührt. Probleme mit dem Riffräuber Dornenkrone sind hier unbekannt. Der berühmteste Platz in dem Riff ist Coral Bay, ein kleines Dorf, das jedes Jahr im März von Wissenschaftlern und Meeresbiologen aufgesucht wird, die das Laichen der Korallen beobachten. Für Tage ist das Meer rosa gefärbt. Das Tauchen am Ningaloo Reef ist in den Lagunen bei jedem Wetter möglich, aber interessanter ist die Außenseite des Riffs mit Steilwänden, die 50 Meter abfallen. Hier werden auch regelmäßig Walhaie gesichtet. Mit einem Flugzeug kann man sich in die Nähe der Riesenfische dirigieren lassen und gemeinsam mit ihnen schwimmen. Am nördlichen Ende des Ningaloo Reefs machen sich Ebbe und Flut stärker bemerkbar: Der Tiedenhub beträgt 2 Meter, weiter im Norden sogar 6 Meter. Vom Ningaloo Reef geht es dann weiter in nordöstlicher Richtung zu den Montebello-Inseln, die erst 1990 für die Öffentlichkeit freigegeben wurden. In den 50er Jahren haben hier die Engländer Atomversuche unternommen. Die Montebello-Inseln sind seit langem für ihren Fischreichtum, besonders an großen Arten, bekannt. 217 verschiedene Arten von Korallen und über 500 Fischarten leben hier. Auch Muscheln kommen hier in ungewöhnlicher Artenvielzahl vor.

In den Mangroven ist der bekannte Mudkrebs zu Hause, der ein hervorragendes Essen abgibt. Nach den Montebellos geht die Fahrt weiter Richtung Osten zum Dampier-Archipelago. Das Wasser ist fast 30 Grad warm und die Lufttemperatur bewegt sich zwischen 25 und 35 Grad Celsius. 45 Kilometer von Dampier entfernt liegt eine Gruppe von 42 Inseln. Auf dem Dampier-Archipelago liegen die Eierablageplätze der Hawksbill-Schildkröten, die bei fast jedem Tauchgang anzutreffen sind. Aus noch ungeklärten Gründen wachsen hier die Korallen am schnellsten – beinahe doppelt so schnell wie an anderen Riffen. Dugongs und große Tümmler sind hier häufig; von Juni bis August ziehen Buckelwale vorbei. Zwischen den Inseln ist die Sicht unter Wasser nicht so gut wie an den äußeren Inseln da das Wasser durch die Mangroven verschmutzt wird. Der Tiedenhub beträgt hier schon fast fünf Meter, was das Strömungstauchen interessant macht. Eine Tauchexpedition zu diesen unterschiedlichen Plätzen dauert zwei Wochen. Auf einer Strecke von 800 Kilometern Länge wird mindestens dreimal pro Tag getaucht, und nie an der gleichen Stelle.

Rowley Shoals

Die Rowley Shoals, die erst 1991 als marines Schutzgebiet ausgewiesen wurden, liegen etwa 300 Kilometer nordwestlich von Broome. Sie werden als Korallenwunderland und als das beste kontinentale Shelfatoll gerühmt. Hier gibt es eine Menge von tropischen Fischen und Korallen, die man sonst nirgendwo in Australien findet. Selbst die großen Potato Cod, die in den Lagunen leben, sind keineswegs scheu, da dieses Gebiet im Jahr lediglich von etwa 100 Tauchern erkundet wird. In zwei der drei Atolle kann man mit dem Boot hineinfahren. In den Kanälen, die die Lagune mit dem offenen Meer verbinden, herrscht eine Strömung von bis zu 15 Stundenkilometern. Wer aus der Lagune ins offene Meer taucht, muß aufpassen, denn eine unsichtbare Strömung zieht den Taucher auf 40 Meter Tiefe, und das mit 15 Kilometern pro Stunde. Die Kanäle nach Innen in die Lagune hinein zu betauchen ist ratsamer. Hier sieht man auch große Schulen von Hammerhaien und Mantarochen. Im Clerke-Riff-Atoll gibt es eine Sandbank von 100 Metern Länge. Das

172   **Eine drei Zentimeter lange Nacktschnecke.**

Eine Farbenpracht von seltener Schönheit.

173

Tauchen an der Außenseite der Riffe ist wohl das Spektakulärste, was man sich vorstellen kann: unbegrenzte Sicht, Steilwände bis 400 Meter Tiefe und das Wissen, daß an dieser Stelle vorher kaum ein Mensch getaucht ist, also ein nahezu unberührtes Unterwasser-Wunderland mit Wassertemperaturen um 30 Grad bei Lufttemperaturen von 30 bis 35 Grad. Die beste Zeit, hier zu tauchen, ist zwischen Juli und November, später ist das Wetter zu unbeständig. Auf der Fahrt nach Broome sind auch schon Schulen von Walen gesehen worden. Nah beim Ort direkt vor der Küste liegen Perlenfelder, in denen schon seit 100 Jahren Perlen gezüchtet werden. Leider herrschen hier unter Wasser keine guten Sichtverhältnisse, aber einen Besuch sind die Perlenfelder allemal wert.

Scotts – Reef

Scotts Reef, noch weiter nördlich von Broome gelegen als die Rowley Shoals, bietet eine ähnliche Vielfalt an Arten unter Wasser. Doch kommen hier neben den Lobstern auch noch Seeschlangen vor, die zu den giftigsten Tieren der Welt gehören. Man kann aber dennoch recht entspannt mit diesen Meeresreptilien tauchen, wenn man sie nicht reizt. Indonesische Fischer besuchen illegal das Riff, um Trocus-Muscheln zu sammeln, die sie in Indonesien verarbeiten. Und dies, obwohl die australische Marine die Gegend ständig kontrolliert, um das Ausplündern dieser Region zu verhindern. Alleine 1990 wurden in diesem Zusammenhang über 500 Indonesier verhaftet, dazu ihre Schiffe beschlagnahmt.

Auf dem Rückweg nach Broome kann man an der Kimberley-Küste entlangsegeln. Tauchen und Schwimmen ist wegen der Krokodile an der Küste zwar verboten trotzdem fällen den Reptilien jedes Jahr Menschen zum Opfer, die die Warnung nicht ernstgenommen haben.

Zum Tauchen, besonders für Mehrtagestouren, meldet man sich am besten auf einem Tauchboot an. Im Hafen von Geraldton liegt die Talarook, ein 23 Meter langer Motorsegler mit Beiboot. Sie ist zum Tauchen hervorragend geeignet, die Besatzung kennt sich in diesem Gebiet bestens aus, und mit Tom Jaeger als Tauchguide steht einer erfolreichen Tauchtour nichts mehr im Wege. Außer dem Wetter, wie so oft!

Tasmanien – der Garten Eden am Ende der Welt?

Tasmanien ist weit mehr als nur eine Insel mit einsamen, wilden Flüssen, mit großen, weiten Stränden, mit herrlichen Landschaften. Tasmanien stellt etwas Außergewöhnliches dar, wie die »Tassis« immer wieder betonen.

Tasmanien ist nicht das schottische Hochland, mit dem es oft verglichen wird, nein, uns erscheint es als eine Art Garten Eden am Ende der Welt. Nicht an den Polen, wie viele vermuten, ist die Luft am reinsten, sondern nach meteorologischen Erkenntnisse auf Tasmanien. Smog ist auf Tasmanien unbekannt, ja, nicht einmal Nebel gibt es hier. Wer das erste Mal Tasmanien betritt, traut seinen Augen nicht. Wo man nur hinschaut: Immer ist der Horizont zu sehen, man glaubt, ein paar Kilo-

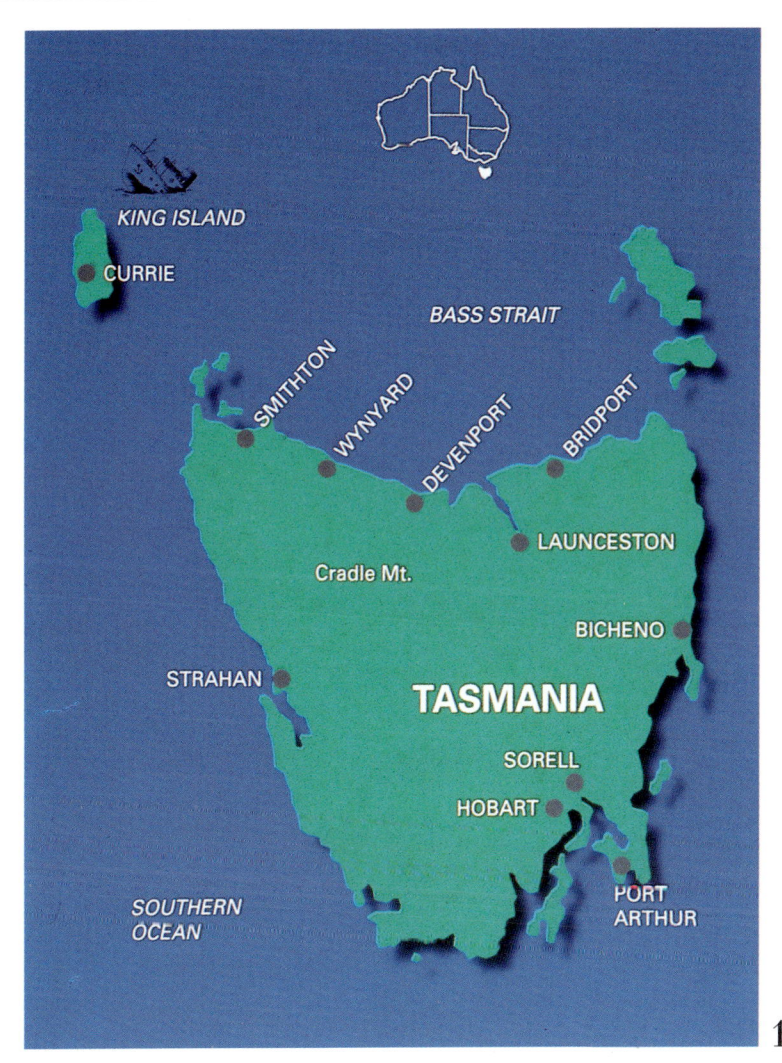

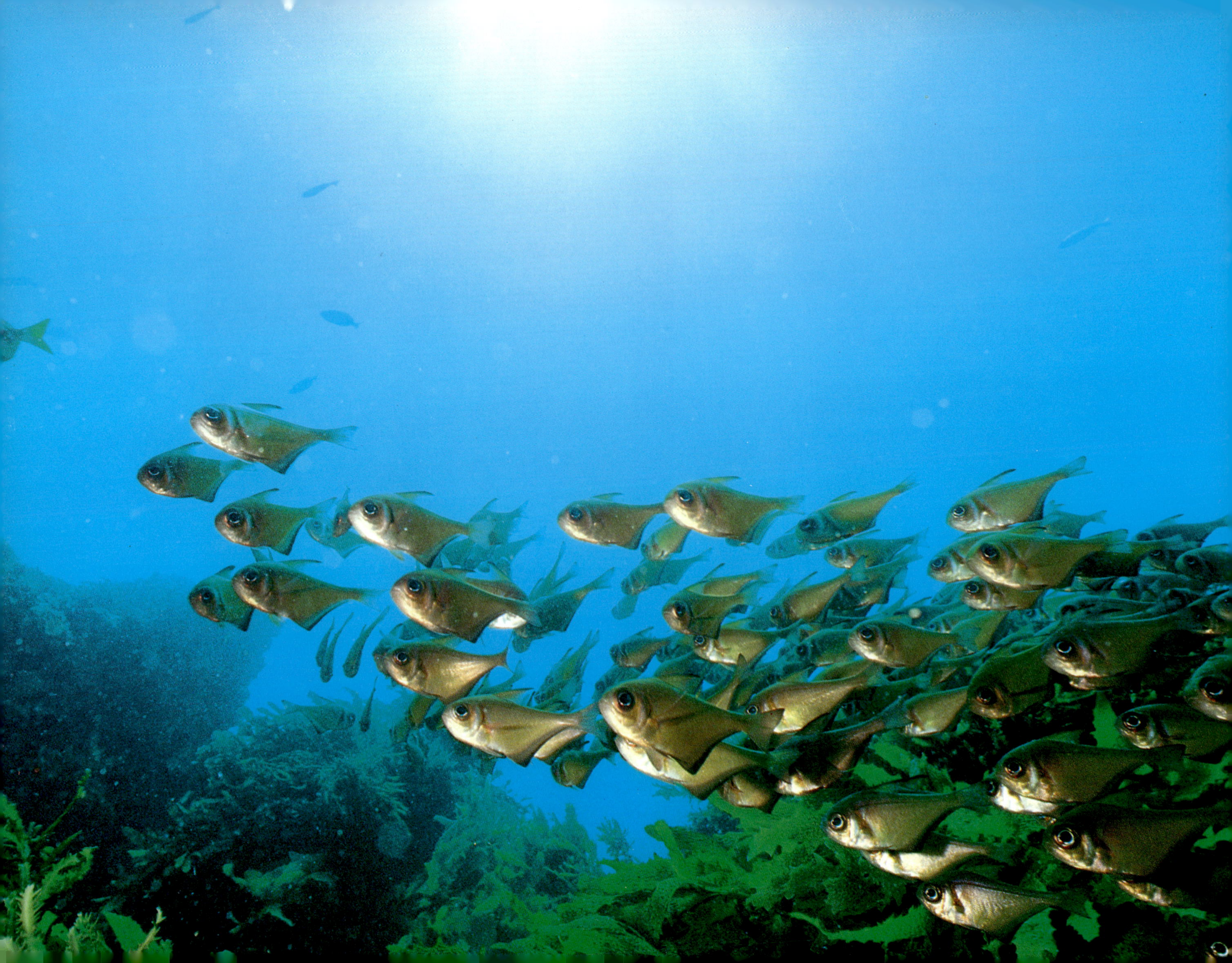

meter weiter sei die Welt zu Ende. Auf Tasmanien gibt es nur klares Wetter oder Regen. Hier wurden die ältesten, von Menschen bewohnten Höhlen nachgewiesen, und sogar der am längsten benutzte Friedhof der Menschheitsgeschichte.

Nicht irgendeine in Urzeiten lebende Menschenrasse hat die Höhlen bewohnt, es waren Aboriginees, die Ureinwohner Australiens, die auf Tasmanien schon lange ausgerottet sind. Als Untermenschen wurden sie von den weißen Einwanderern angesehen, als häßliche Menschenrasse, als Auswurf der Menschheit. Doch die Aboriginees bestimmten über viele Jahrtausende das Leben auf Tasmanien – bis die Weißen auf der Insel einfielen. 1642 hat Abel Tasman, ein holländischer Seefahrer, die Insel entdeckt, die nach ihm benannt ist.

Tasmanien, etwa so groß wie die Schweiz, ein Land der Ruhe und Einsamkeit. Man kann stundenlange Spaziergänge unternehmen, ohne einer Menschenseele zu begegnen, ausgedehnte Exkursionen in die Regenwälder, die zum Teil noch unerforscht sind, lassen die Natur hier auf eine ganz besondere Art und Weise erleben.

Die »Tassis« werden von den »Aussis«, den Australien, oft als langsam und träge hingestellt. Es ist seltsam, vielleicht liegt es an der Tatsache, daß Tasmanien eine Insel ist, 250 Kilometer vom Festland Australiens entfernt. Es findet ein seltsamer Konkurrenzkampf statt. Das fängt beim Ayers Rock an. Denn was den »Aussis« ihr Ayers Rock ist, ist den »Tassis« ihr Nut. Ein rund 10 Millionen Jahre alter Hügel, der bei Stanley im Nordwesten der Insel etwa 150 Meter emporragt.

Tasmanien ist die Heimat ungewöhnlicher Tiere, wie z. B. dem sagenhaften schwarzen Tasmanischen Teufel, einem Raubbeutler, auch Beutelteufel genannt, und der dachsähnlichen Wombats, die allerdings auch auf dem Festland vorkommen.

Man vermutet, daß im Gebiet des Gorden Rivers auch noch die bereits als ausgestorben geltenden Beutelwölfe leben.

Tasmanien, so sagt man, liegt zwischen Himmel und Hölle. Hell's Gate heißt denn auch die berüchtigte Zufahrt der Insel Sarah, auf die früher Sträflinge, zumeist aus Europa, verfrachtet wurden. Diese Insel, an einem der

Besonders beeindruckend ist die Unterwasserlandschaft mit Kelpalgen und Fischschwärmen.

herrlichsten Fjorde Tasmaniens gelegen, diente als Durchgangslager, anschließend wurden die Häftlinge in das berühmt-berüchtigte Gefängnis Port Arthur im Süden Tasmaniens gebracht.

Die wahre Schönheit Tasmaniens, der natürliche Reichtum der Insel wurde erst später entdeckt. Tasmanien, einst aufgrund seiner Form Apfelinsel genannt, war einmal der größte Apfelproduzent der südlichen Hemisphäre.

Tasmanien gibt sich äußerlich ganz britisch: In den Städtchen Richmond und Ross fühlt man sich in das britische Empire des 19. Jahrhunderts zurückversetzt.

Es ist eine Insel voller Gegensätze, Regenwälder wechseln sich ab mit atemberaubend schönen Sandstränden, Bergmassive mit flachen Ebenen. Es gibt Lavendelfelder, Blumenwiesen und landwirtschaftlich genutzte Flächen. Hier kann man wandern, segeln, angeln, Ski fahren und, ja, und Tauchen!

Die Gewässer um Tasmanien zählen zu den zehn besten Tauchrevieren Australiens.

Man trifft auf Kelpwälder wie vor der kalifornischen Küste. Die Kelpalgen werden allerdings nicht so lang wie dort, wo sie Größen von bis zu 100 Metern erreichen. Doch 20 Meter Länge sind auch nicht zu verachten. Das glasklare, sehr saubere Wasser bietet reiches marines Leben. Thunfische, wie der Yellow- oder Bluefin, haben hier ebenso ihren Lebensraum wie der Marlin und Haie aller Art. Wer will, kann mit australischen und neuseeländischen Seelöwen tauchen, die aus reiner Neugierde schon einmal in die Flossen beißen. In tasmanischen Gewässern tummelt sich der Crayfisch, eine Art Hummer. Auch die begehrten Abalone-Muscheln kann man finden, für ein Exemplar laufen Gourmets meilenweit.

Die meisten Inseln und Inselchen in der Bass Strait gehören zum Bundesstaat Tasmanien, wie King-Island, Flinders Island, die Furneaux Group oder die Kent Group, allesamt fantastische Tauchgründe, die man von Tasmanien aus erkunden kann. Dazu benötigt man allerdings Infos, die man auf Tasmanien in den Tauchshops erhält. Vor allem, wer eine Tauchtour zu den genannten Gebieten unternimmt, sollte sich diese unbedingt besorgen.

Wenn Sie Schiffswracks sehen und fotografieren wollen, müssen Sie die Inseln in der Bass Strait, die regelmäßig vom Festland oder von Tasmanien aus mit Fährschiffe angefahren werden, aufsuchen. Hier wurde allerdings bisher wenig getaucht. Viele kleine Inselchen und Riffe haben breits den ersten Siedlerschiffen große Probleme bereitet, wovon mehr als 200 Wracks eindrucksvoll Zeugnis ablegen. In diesem Zusammenhang wartet die Bass Strait auch mit einem traurigen Rekord auf. Eines der größten Schiffsunglücke Australiens ereignete sich hier 1845, als das Schiff »Cataraqui« vor King Island kenterte. Über 400 Tote, englische Emigranten, mußten beklagt werden. Für viele mag das Tauchen in kalten Gewässern nicht so interessant erscheinen – ein Fehlurteil. In kalten Gewässern lebt eine Vielzahl von Großfischen und Meeressäugetieren wie Robben und Wale – eine Folge des höheren Nährstoffgehalts. Tasmaniens Tauchgründe sind in jeder Hinsicht empfehlenswert. Sichtweiten von 30 Metern im Schnitt begeistern Taucher und Unterwasserfotografen gleichermaßen. Die Insel ist sehr gut mit Tauchshops ausgestattet, viele von ihnen sind zugleich Tauchbasen, auf denen auch ausgebildet wird, alle überdurchschnittlich gut ausgestattet. Ein eigener Pool für die Anfängerausbildung und das Training ist die Regel. Neben allen Tauchbasen und -shops stehen Hotels oder Motels. Übernachtungsprobleme gibt es somit keine. Dennoch ist eine Vorausbuchung empfehlenswert.

Wer an der Nordküste Tasmaniens tauchen will, geht am besten nach Wynyard. Dort gibt es eine ausgezeichnete Tauchbasis und hervorragende Tauchgründe. Aufgrund der rauhen See sind allerdings oft nur Bootstauchgänge in Küstennähe möglich.

Im Osten der Insel bietet Bischeno ein exzellentes Tauchgebiet. Hier kommen Kelpliebhaber voll auf ihre Kosten. Bischeno zählt zu den schönsten Tauchplätzen in Tasmanien.

Wer die Zeit erübrigen kann, sollte unbedingt einen Abstecher nach Tasmanien unternehmen. Es ist etwas ganz Besonderes, hier in dieser Einsamkeit die Natur zu erleben und einige außergewöhnliche Tauchgänge zu unternehmen.

TEIL 4

Tauchtips für Australien

Australien bietet geeignete Tauchplätze für jeden Geschmack und Ausbildungsstand. Um einen besseren Überblick zu bekommen, haben wir bei den nachstehend Adressen die übliche Untergliederung der Bundesstaaten Australiens herangezogen.

Ganz gleich, zu welcher Jahreszeit man sich auf dem australischen Kontinent aufhält, man kann immer tauchen. Selbstverständlich kann die eine oder andere Fischbeobachtung nur zu bestimmten Jahreszeiten gemacht werden, doch wer sich an selten schönen Korallenformationen ebenso erfreuen kann wie an Kelpwäldern der Riesenalgen, kommt in Australien jederzeit auf seine Kosten. Daß man bei fast jedem Tauchgang dem einen oder anderen Hai begegnet, ist schon fast selbstverständlich. Ganz zu schweigen von den überall anzutreffenden Fischschwärmen der unterschiedlichsten Arten und Größen. Bitte bedenken Sie eines: Als Anfänger sollte es nicht unbedingt gleich das Tauchabenteuer Australien sein. Da fast alle angebotenen Tauchtouren mit Booten oder, besser gesagt, mit der australischen Spezialität, dem Katamaran, angeboten werden, gehen die Veranstalter oft davon aus, daß die Kunden erfahren sind, vom Boot aus zu tauchen. Aber an fast allen Orten entlang des Barrier Riffs und der Ostküste finden Sie auch Tauchschulen, die Ihnen den Unterwassersport unkompliziert beibringen. Noch ein Wort zu den Tauchqualifikationen: Sämtliche Tauchscheine, egal wo sie erworben wurden, werden in Australien anerkannt. Da sie vor jedem Tauchtrip eine Haftungsausschließung von seiten des Veranstalters unterschreiben müssen, ist es gleich, welchen Tauchschein Sie mitbringen oder vorzeigen. Am weitesten verbreitet ist die Tauchschulung und Ausbildung nach dem PADI-System (Professional Association of Diving Instructors). Fast jeder Tauchveranstalter führt zugleich eine Tauchschule samt -shop. Das hat enorme Vorteile: Sie können sämtliche Tauchutensilien anmieten und brauchen nicht alles gleich zu kaufen bzw. von zu Hause mitzubringen. Das ist um so vorteilhafter, wenn Sie nur einige Tage tauchen wollen. Doch beachten Sie: Leihgegenstände sind in Australien nicht ganz billig, es lohnt sich mitunter zu handeln und zu vergleichen, was den Verleihpreis betrifft.

Weiterhin können Sie Ihre Kenntnisse und die Unterwasser-Fotoausrüstung im hauseigenen Pool überprüfen. Übrigens: diese Übungspools sind Standard in Australiens Tauchschulen.

Das Tauchen in Australien wird oftmals mit dem Großen Barrier Riff gleichgesetzt; zugegeben, es ist das berühmteste Tauchgebiete des Fünften Kontinents, wenn auch nicht unbedingt das beste. Folglich findet man die meisten Tauchveranstalter samt Schulen an der Ostküste des Bundesstaates Queensland, wo auch das Große Barrier Riff liegt.

Ein guter Tip:
Als Ausgangspunkt für ein- oder mehrtätige Tauchtrips zum Great Barrier Reef empfehlen wir die Städte Townsville, Cairns, Port Douglas und Cooktown. Dort finden Sie auch bestens ausgerüstete Tauchbasen, bei denen Sie Ausfahrten buchen können. Im voraus zu buchen kann nie schaden, ist jedoch nicht zwingend notwendig. In den zahlreichen Hotels, Motels und Backpacker-Unterkünften (australische Jugendherbergen) erhalten Sie auch Informationen zum Thema Tauchen und Schnorcheln.

Ein Wort zur Unterwasserfotografie:
Bitte bedenken Sie, daß Unterwasserkameras samt Blitzeinrichtungen in Australien nur sehr schwer zu bekommen sind, geschweige denn zu mieten. Nur die großen Tauchzentren wie Townsville oder Cairns an der Ostküste oder Perth an der Westküste bieten Amphibienkameras, meist der Marke Nikonos V mit UW-Objektiv 35 mm zur Miete an. Wenn Sie auch noch einen Amphibienblitz anmieten wollen, sieht es

zumeist ganz schlecht aus. Im Schnitt kostet alles ein Drittel mehr als zu Hause, ganz gleich, ob geliehen oder gekauft.

Müssen oder wollen Sie eine Unterwasserkamera/Amphibienkamera in Australien erwerben, dann gehen Sie mit Ihrem Flugschein und Reisepaß als Berechtigungsnachweis für den verbilligten Einkauf in einen der vielen Duty-Free-Shops. Wollen Sie einen Unterwasserblitz kaufen, dann kann es Ihnen passieren, daß Sie selbst in Großstädten vergeblich suchen: deshalb, am besten alles von zu Hause mitbringen.

Gleiche Erfahrung werden Sie beim Kauf von Filmmaterial machen, insbesondere, wenn sie Diafilme kaufen wollen. Diese gibt es oft nur bis zu 24 Aufnahmen und Ektachrome-Material nur selten. Wenn, dann nur Kodachrome-Filme oder ähnliches. Leider liegen die Preise auch hier um ein Drittel höher. Negativfilme, ganz gleich welcher Marke, sind überall zu bekommen. Das gleiche gilt für Videofilme der Standardnormen.

Vermeiden Sie es, Ihre Diafilme vor Ort entwickeln zu lassen. Es ist sehr teuer und kann nur in Städten wie Sydney oder Melborne durchgeführt werden. Mit der Entwicklung von Negativ-Filmen werden Sie keine Probleme haben. Sofort-Entwicklung gibt es in allen Städten, in denen Sie eine Mall, ein Kaufhaus finden. Auch auf einigen Tauchbooten werden Entwicklungen angeboten, die gut aber sehr teuer sind.

Ein guter Tip:
Da Sie vermutlich von zu Hause größere Mengen an Filmen mitbringen, seien Sie enorm vorsichtig bei der Röntgenkontrolle an Flughäfen. Bitte bedenken Sie: Sicherlich fliegen Sie mehrmals, und jedesmal werden ihre Filme kontrolliert. Sie können davon ausgehen, daß Ihr Filmmaterial, trotz aller Unbedenklichkeitsäußerungen, Schaden nehmen wird. Deshalb: Verlangen Sie Handkontrolle oder verwenden Sie zumindest Filmsafebeutel.

Stichwort Tauchcomputer:
In Europa langsam auf dem Vormarsch, in Australien selbstverständlich, fast schon ein Muß.

In Australien sind Computer beim Tauchen erwünscht, besonders auf Tauchbooten, da man dort meist mehrere Tauchgänge am Tag unternimmt.

Da wir nur mit Tabelle und Uhr tauchen, hatten wir einige Schwierigkeiten zu überwinden. Das Tauchen in Australien, ganz gleich ob vom Boot aus oder von Land, wird auf strenge Weise durch die örtlichen Behörden überprüft und überwacht. Tauchen ist in Australien kein Individualsport mehr. Der Bundesstaat Quensland nimmt eine besondere Stellung ein, weil sich hier das Große Barrier Riff vor der Küste entlangzieht. Dementsprechend zahlreiche Tauchveranstalter gibt es in diesem Bundesstaat. Tauchunfälle, zumeist Dekompressionsunfälle (nichteinhalten der Austauchzeiten), sind gerade in den letzten Jahren immer mehr vorgekommen. Die Regierung von Queensland war gezwungen, einzuschreiten. Deshalb ist in Queenland das sogenannte »Listentauchen« üblich: Jedem Tauchveranstalter wurde auferlegt, bei seinen Ausfahrten einen Tauchführer (Tauchguide), also einen anerkannten Tauchlehrer an Bord zu haben, der den Tauchbetrieb überwachen und jeden einzelnen Abstieg auf einer Liste vermerken muß. Tauchzeit, Tauchtiefe und Austauchzeit werden darin vermerkt, und jeder Taucher muß nach allen Tauchgängen seine Angaben gegenzeichnen. Beim Tauchen mit Uhr und Tabelle sind die Tauchguides auf ihre Angaben angewiesen. Sie können angeben, was sie wollen, überprüfen kann es keiner.

Das kann nur mit Hilfe eines Tauchcomputers durchgeführt werden, die aus diesem Grund auch inoffiziell vorgeschrieben sind.

Der Tauchguide braucht nur abzulesen. Sollten Sie die vorgegebenen Austauchzeiten überschritten haben, ist das Tauchen für Sie beendet. Dagegen können Sie nichts unternehmen. Sparen Sie sich den Ärger und bringen sich einen Tauchcomputer von zu Hause mit. Wenn Sie keinen besitzen, überlegen Sie sich genau ihre Angaben nach der Tabelle, besonders bei Wiederholungstauchgängen.

Vielleicht werden Sie sich jetzt noch fragen, was mit den Listen anschließend passiert. Sie müssen von den Veranstaltern an die örtlichen Behörden eingereicht werden. Diese überprüfen dann die aufgezeichneten Angaben und falls sich hierbei eine Unregelmäßigkeit feststellen läßt, dann kann es passieren, daß der Veranstalter angemahnt wird – mit für ihn weitreichenden Folgen! Manch einem Veranstalter wurde in den letzten Jahren schon die Lizenz entzogen!

Bitte bedenken Sie, daß auch Tarierweste oder ein stabilizend Jacket zwingend vorgeschrieben sind.

Wichtige Adressen

Australien Tourist Commission

80 William Street, Woolloomooloo, Sydney, NSW 2000
Telefon (02) 3601111, FAX: (02) 3316469
Neue Mainzer Straße 22, 6000 Frankfurt am Main 1
Telefon (069) 235071, FAX: (069) 231657

Department of Tourism Tasmania
1 Franklin Wharf, Hobart, Tas 7000
Telefon (002) 300211

Western Australian Tourism Commission
St. Georg's Court, 16 St. Georg's Terrace, Perth,
WA 6000, Telefon (09) 2201700, FAX: (09) 2201702

Northern Territory Government Tourist Bureau
99 Todd Street, Alice Springs, NT 0870
Telefon (089) 524711

Queensland Tourist and Travel Centre
123 Eagle Street, Brisbane, Qld 4000
Telefon (07) 8335400

Victorian Tourism Commission
Building D. World Trade Centre, Melbourne, 3000
Telefon (03) 6199444

Tourism Commission of New South
Shell House, 140 Phillip Street, Sydney,
NSW 2000, Telefon (02) 2317100

Tourism South Australia
18 King William Street, Adelaide, SA 5000
Telefon (08) 2121644, FAX: (08) 2124251

Diplomatische Vertretung in Deutschland

Australische Botschaft, Godesberger Allee 107,
5300 Bonn 2

Australian Underwater Federation

ACT Sports House, Maitland Street, Hackett, ACT 2602
Telefon (062) 475554

Staatliche Druckkammereinrichtungen für Notfälle

New South Wales
   RAN School of Underwater Medicine,
   HMAS Penguin, Balmoral, Telefon (02) 9600321

Tasmania
   Hyperbaric Unit, Royal Hobart Hospital
   Telefon (002) 300110

Western Australia
   Hyperbaric Unit, HMAS Sterling
   Telefon (095) 270470

South Australia
   Hyperbaric Unit, Royal Adelaide Hospital
   Telefon (08) 2445514

Queensland
   Hyperbaric Unit, Australian Institute of Science,
   Townsville, Telefon (077) 789211

Victoria
   Hyperbaric Unit, Prince Alfred Hospital
   Commercial Road, Prahran, Telefon (03) 5202811

Diving Emergency Service rund um die Uhr
Telefon (008) 088200
Für den Notfall bei einem Tauchunfall!

Höhlentauchen

Das Tauchen in Karsthöhlen ist nur mit einer speziellen Erlaubnis des australischen Höhlentaucher-Verbandes möglich. Ein Lehrgang und ein Prüfung sind Voraussetzung.
   Die besten Höhlen befindet sich in Südaustralien im Mount Gambier Gebiet.

Anschrift der Höhlentaucher-Verbände
Cave Divers Association of Australia
P.O. Box 1166, Mount Gambier, South Australia 5290
P.O. Box 2161 T, Melbourne, Victoria 3001
P.O. Box 290, North Adelaide, South Australia 5006

Wer organisiert Tauchtouren?

Reiseunterlagen, Informationen und Presseveröffentlichungen über den Fünften Kontinent Australien, dem »Down under«, wie die Australier ihr Land nennen, gibt es in Deutschland in Hülle und Fülle auf dem Markt.

Doch mit speziellen Tauchreiseveranstaltern tut man sich schon schwerer. Insbesondere, wenn man nicht nur ein Tauchreisearrangement buchen will, sondern vielleicht nur einige Tauchtage an einen bereits gebuchten oder individuell gestalteten Australienaufenthalt anhängen möchte.

Dabei haben sich zwei Veranstalter hervorgetan, die sämtlichen, auch individuellen Wünschen Rechnung tragen, und dies zu einem vernünftigen Preis/Leistungsverhältnis.

An der Ostküste (Great Barrier Reef)

Mike Ball Dive Expeditions
252–256 Walker Street
Townsville 4180
Telefon (077) 723022
Queensland, Australia

und an der Westküste, einem Tauchgebiet der Zukunft mit Superlativen

Tom Jaeger Dive Expeditions
13 Cottesloe
Western Australia 6011
Telefon (09) 3845216,
FAX: (09) 3834266

Beide werden im deutschsprachigem Raum sehr individuell und persönlich vertreten durch

**diving tours
Tauchreisen Th. Schönemann**
Bahnhofstraße 30
6903 Neckargmünd
Telefon (06223) 72142-73384

Wer sich einmal in den Haikäfig wagen möchte, der wendet sich am besten an

**See & Sea
Travel Service, INC**
50 Francisco Street, STE. 205
San Francisco, CA 94133
Telefon (415) 434-3400,
FAX: (415) 434-3409

Reiseveranstalter für Reisetouren in Australien mit individueller Betreuung und Planung

Australian tourconsult
Germaniastraße 10, 8000 München 40
Telefon (089) 334500, FAX: (089) 337386
Felix-Dahn-Str. 6, 7000 Stuttgart 70
Telefon (0711) 706015, FAX: (0711) 707121
Uhlenhorster Weg 21, 2000 Hamburg 76
Telefon (040) 222094, FAX: (040) 2205545

New South Wales
Lord Howe Island
27 Alfreda Street
Coogee, Sydney, NSW 2034,
Telefon (02) 6656335

Byron Bay Dive Centre
9 Lawson Street
Byron Bay, NSW 2481,
Telefon (066) 856587

South West Rocks
Action Divers
134 Gregory Street
Costa Rica Motel
South West Rocks, NSW 2431
Telefon (065) 666614

Seal Rocks
Forster/Tuncurry
4/17 Manning Street
Tuncurry, NSW 2428
Telefon (065) 554053

Tasmania
Scuba Centre
62 Scenic Drive
East Wynyard, TAS 7325
Telefon (004) 422247

Bicheno Dive Centre
4 Tasman Highway
Bicheno, TAS 7215
Telefon (003) 751138

Diversified Diving Services
139 Main Road
Sorell, TAS 7172
Telefon (002) 651148

EYE OF THE WIND
Adventure Under Sail
P.O. Box 388
Sandy Bay, TAS 7005
Telefon (002) 236206

King Island Dive Charters
and Supplies
Main Street,
Currie, King Island, TAS 7256
Telefon (004) 611133

Victoria
Aqua Blue Scuba
Instruction Pty Ltd.
120 Thomas Street
Dandenong, VIC 3175
Telefon (03) 79188136,
FAX: (03) 7921339

187

Bob Cumberland's Dive Shop
1 Hampshire Road
Glen Waverley, VIC 3105
Telefon (03) 5612096,
FAX: (03) 5620503

Canberra
Aqua Medium Dive Centre
3143 Colbee Court
Phillip, ACT 2606
Telefon (062) 823919

Northern Territory
Fanny Bay Dive Centre
Shop 9, Fanny Bay Shopping Centre
Fanny Bay, Darwin, NT 5790
Telefon (089) 813049,
FAX: (089) 814913

South Australia
Adventureland Diving and
Sport Service
Lot 155 American Beach
Penneshaw, SA 5222
Kangaroo Island
Telefon (08) 4831072

Queensland
Blue Horrizon Divers
29 Lake Street
Cairns, Qld 4870
Telefon (070) 313805,
FAX: (070) 313897

Heron Island Dive Shop
Heron Island
VIA Gladstone, Qld 4680
Telefon (079) 781488,
FAX: (079) 781457

Port Douglas,
Dive Centre Ashford Avenue
Port Douglas, Qld 4871
Telefon (070) 995327

Pro Dive Whitsundays
The Pavilion Arcade
285 Suite, Harbour Road
Airlie Beach, Qld 4802
Telefon (079) 466508,
FAX: (079) 465007

Barrier Reef Cruises
– Coralita –
Box 6605 CMC
Cairns, Qld 4870
Telefon (070) 546398,
FAX: (070) 331398

Down Under Dive
Nimrod III Dive Adventures
155 Sheridan Street
Cairns, Qld 4870
Telefon (070) 311288,
FAX: (070) 311373

Down Under Dive
Nimrod III Dive Adventures
155 Sheridan Street
Cairns, Qld 4870
Telefon (070) 311288,
FAX: (070) 311373

Mike Ball Dive Expeditions
252 Walker Street
Townsville, Qld 4810
Telefon (077) 723022,
FAX: (077) 212152

West Australia
Tom Jaeger Dive Expeditions
15 Salisbury Street
Cottesloe, WA 6011
Telefon (09) 3845216,
FAX: (09) 3834266

Checkliste für Sporttaucher

Tauchanzug

Naßtauchanzug mit angesetzter Kopfhaube, nicht unter sieben Millimetern, wenn im Süden Australiens und auf Tasmanien getaucht werden soll. Das Wasser ist dort kälter.
Naßtauchanzug, drei Millimeter stark am Great Barrier Reef oder im Westen Australiens, dazu Füßlinge mit Laufsohle, Handschuhe.

Instrumente

Lungenautomat (Anschlüße möglichst in INT, sonst Adapter mitnehmen), Zweitautomat, Inflatoranschluß, Taucher-Uhr, Druckmesser (Finimeter), Tiefenmesser, Tauchcomputer, Dekompressionstabelle, Kompaß.

ABC-Ausrüstung

Maske (mit bruchsicherem Glas), Ersatzmaske, Schnorchel, Flossen.

Zubehör

Tarierweste (möglichst mit CO^2-Patrone) oder Stabilizend-Jacket (möglichst mit CO^2-Patrone), Messer, Gurtband für Bleigewichte, Lampe (möglichst 50 Watt bei einer Brenndauer von 1 Stunde, Ersatzbänder für Taucherbrille/Flossen, geräumige und stabil verarbeitete Tasche, Klebstoff für Neopren, Silikonspray oder -fett.

Renate Elisabeth Reith war bislang die zwölfte Frau in einem Haikäfig.

Klaus Michael Reith taucht seit 20 Jahren. Die Weiße Hai-Expedition war die bislang größte und beeindruckendste Tauchtour.

Buch-Tips

Dive Australia von Peter Stone
3. Auflage 1990 Ocean Publications
Stone, Peter Dive Australia,
3. Aufl. Ocean Publications, 1990

Haie
Herausgeber Jörg Keller

Haie von Lee Server
Server, Lee: Haie,
Erlangen 1990

Spezielle Literatur über die einzelnen Tauchgebiete kaufen Sie sich am besten »vor Ort«. In jedem Buchhandel, besser noch ortsansässigen Tauchshops, sind Bücher erhältlich.

Für das vorliegende Buch wurden folgende fototechnischen Geräte und Filmmaterialen eingesetzt:

Filmmaterial
Kodak Ektachrome 50 HC und 100 HC
Format Kleinbild

Kameras
LEICA R5 + R6
Aufnahmeobjektive
LEICA R-Objektive der Brennweiten 15 mm, 21 mm, 90 mm, 180 mm und 100 mm-Macro

Unterwasserkamera
Nikonos V mit den Objektiven 15 mm, 20 mm sowie 16 mm von Ocean Images – Freund

Amphibien-Blitze
Subtronic SF 2000-Professional
Subtronic SF 3000-Professional

Unterwasser-Gehäuse
Hugyfot
René Hugenschmidt.

ABENTEUER EXTREM

Klaus und Renate Reith, **Tauchabenteuer Kanada**
Begeisternd erzählen die erfahrenen Sporttaucher Klaus und Renate Reith von ihren Erlebnissen und Begegnungen über und unter Wasser in den Tauchparadiesen von British Columbia. Sie nehmen den Leser mit in die bizarre Unterwasserwelt vor Kanadas Westküste, einem der schönsten Tauchreviere der Welt.
152 Seiten, 90 Farbfotos, Querformat 270x200 mm, gebunden
48,–   Bestell-Nr. 50119

Klaus G. Hinkelmann
Offroad-Handbuch Australien
Fahrten im australischen Outback mit dem Geländewagen: Beschaffung, Ausrüstung, Fahrtechnik, Umgang mit dem Funkgerät, Fahrzeugbergung, Survival. Dazu: die reizvollsten Pisten durch den australischen Busch mit exakten Kilometerangaben. Ein Buch also, mit dem Sie bestens gerüstet sind. Gute Fahrt!
ca. 160 Seiten, ca. 100 Abb., ca. 50 in Farbe, gebunden,
49,–   Bestell-Nr. 50145

Christian E. Hannig
Mountain-Bike-Touren: Roter Kontinent Australien
Von der Wüste bis zum Regenwald — ein Fahrrad-Abenteuer.
320 Seiten, 129 Abbildungen, 25 farbig, gebunden
39,–   Bestell-Nr. 50122

Hans H. Krüger
Wildes Paradies
Südsee-Idylle mit kleinen Fehlern: Der Autor durchquerte den philippinischen Sulu-Archipel. Eine paradiesische Welt, aber auch voller Gewalt.
192 Seiten, 102 Abbildungen, 20 farbig, gebunden
49,–   Bestell-Nr. 50102

R. T. Counter
Der Bordarzt
Ob einer über üble Zahnschmerzen klagt oder sich den Fuß gebrochen hat: Mit diesem Buch können auch Laien helfen. Unter dem Stichwort des jeweiligen Körperbereichs werden alle Sofortmaßnahmen sachgemäß und klar erläutert.
144 S., 69 farb. Zeichn., geb.
32,–   Bestell-Nr. 50076

Bernard Robin
Navy Survival-Handbuch
Überleben auf See: Alle Verhaltensmaßnahmen bei Katastrophen werden aufgezeigt.
224 Seiten, 42 Zeichnungen, 28 Karten, broschiert
28,–   Bestell-Nr. 50942

Cynthia Kaul
Die reizvollsten Yacht-Häfen der Welt
Exklusivste Häfen und reizvolle Buchten für traumhafte Ferien.
288 Seiten, 574 Farbfotos, zahlreiche Karten,
Format 235 x 315 mm, geb.
98,–   Bestell-Nr. 50127

pietsch

Der Verlag für Abenteuer

Änderungen vorbehalten